テレワーク時代の
ラクうまごはん

ヘルシー料理研究家
中元千鶴

時短・簡単! おうちごはんの
絶品レシピ105品

C&R研究所

PROLOGUE

　2020年1月、日本国内で初めて新型コロナウイルスの感染者が確認され、4月には緊急事態宣言が出され、多くの人がテレワークや外出の自粛をせざるを得ない状況になりました。おうちごはんの機会が増え、今まで料理をしなかった人が自炊をするようになり、毎日3度の食事作りに苦労している人も多いでしょう。また、テイクアウトやレトルトばかりで栄養バランスが偏り、コロナ太りや、体調不良に悩む人もたくさんいます。そんな忙しいテレワーカーのために、簡単で、おいしくて、1品で栄養バランスもととのう料理を紹介したいという想いから、この本を企画しました。

　テレワーカーは健康管理も仕事のうちです。テレワーカーに限らず、すべての社会人、そして今は、感染拡大を防ぐために、すべての人が健康に気をつけなければいけません。マスクや手洗いなどはもちろん必須ですが、バランスよく食べて、しっかりと栄養を摂り、体の中から健康になることも大切です。コロナに負けない健康な体を作るのは、毎日のごはんだからです。

　「バランスよく食べる」とは、どういうことでしょうか？　人が健康に生きるために必要な栄養素は、炭水化物（糖質）、脂質、たんぱく質、ビタミン、ミネラル、食物繊維の6つ。現代人の多くは、カロリーだけで栄養のない炭水化物や脂質を摂りすぎていて、ノンカロリーで栄養豊富なビタミン、ミネラル、食物繊維は不足しがち。さらに、必須ではないけれど、より快適に過ごすために欠かせない微量栄養素（ポリフェノールやカロテノイド）も不足しがちです。

　つまりこれらのバランスを逆転させることが、バランスよく食べるということです。低カロリーで栄養価の高いヘルシー料理を続けると、自然とやせて健康になり、代謝もよくなって、肌や髪も元気になります。

　この本では、「簡単でおいしい＝ラクうま」をテーマに、短時間でおいしく作れるボリューム満点のおうちごはん105品を紹介します。どれも野菜たっぷりで、低カロリー＆ビタミンやミネラルがしっかり摂れる、1品で栄養バランスがととのうヘルシー料理です。しかも、フライパンや鍋1つで作れるものがほとんどで、洗い物が少ないのも時短ポイント。さらに野菜はできるだけ皮ごと丸ごと使い、手間とムダを省いて、時短・節約・食品ロス削減になるレシピです。食べてやせる、美肌になるヘルシー料理をぜひ毎日の食事作りに活用していただけるとうれしいです。

ヘルシー料理研究家　中元千鶴

本書の特長と使い方

特長1
時短・簡単・おいしい！

忙しいときでもパパッと作れて、料理初心者でもOKなラクうまレシピ。簡単に作れるのにボリュームと栄養満点の料理で、家族全員が大満足です。

特長2
洗い物や後片づけがラク！

フライパンや鍋1つでOK！まぜるのも鍋の中！面倒な下ゆで不要！油不用！とことんムダを省いて手間と時間を省略し、洗い物や後片づけもラクです。

特長3
1品で栄養バランスOK！

野菜たっぷりで低カロリー（炭水化物・脂質少なめ、たんぱく質・ビタミン・ミネラル・食物繊維多め）。1品で栄養バランスがととのうから、ほかに何品も作る必要がなく、便利です。

特長4
野菜は丸ごと！時短＆エコ

野菜は皮や種にも栄養やうま味がたっぷり。できるだけ皮をむかず、種ごと、わたごと使って手間とゴミを減らし、栄養価とおいしさアップで一石四鳥です。

特長5
栄養解説＆調理時間がわかる！

調理時間がひと目でわかるアイコン付き！（漬け時間や煮込み時間は除く）。保存期間や保存方法、摂れる栄養素、アレンジや調理ポイントなどをわかりやすく解説しています。

特長6
砂糖・油・食塩ゼロ＆無添加！

基本の調味料は酒、みりん、しょうゆ、酢。砂糖・油・食塩不使用で（一部レシピを除く）、添加物の入った調味料は使わず、だしをきかせて減塩でもおいしくなるコツが満載！

食材別に検索できる便利な巻末INDEX付き！

＊誌面の構成

エビと枝豆の寒天よせ

1品で栄養バランスがととのう健康アドバイス！

調理時間や保存期間がわかるアイコン付き！

テーマごとに分けているので、目的の料理がすぐに探せる！

野菜は皮も種も丸ごと使い、ムダな手間を省いたわかりやすい作り方を解説！

上手に作るコツを写真つきで解説！

知っていると便利な調理のポイントやアレンジ方法などをわかりやすく紹介！

1品で摂れる栄養素がひと目でわかる！

＊よく使う調理器具について

この本で使うフライパンはすべてフッ素樹脂加工やセラミックコーティング。油なしでも焦げつかず、汚れが簡単に落ちて、お手入れもラクなのでおすすめです。コーティングされたフライパンがない場合は、少量の油を使いましょう。

＊火加減について

火加減は「弱火」、「中弱火」、「中火」、「中強火」、「強火」の5段階で表現しています。小鍋の場合は、鍋から火がはみ出さないように調整しましょう。

CONTENTS

PART 5

疲労回復&スタミナアップレシピ

PART 6

便秘解消! 腸活レシピ

PART 7

食べてやせる! 美肌ダイエットレシピ

PART 8

イライラ解消! 集中力アップレシピ

PART 9

目が疲れたときに食べたいレシピ

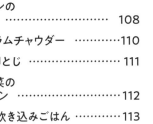

PART 10

脳を活性化! 記憶力アップレシピ

PART 1

簡単!
スピードレシピ

忙しいときに、パッと作って、すぐ食べられる「簡単スピードレシピ」は、テレワーク時代の強い味方。ここでは、30分以内に作れて、簡単でボリューム満点、しかも1品で栄養バランスもととのう、お腹も心も大満足のラクうまごはんを紹介します。

簡単! すぐできる! 豚しゃぶ鍋

具材を切って入れるだけ! 最も簡単・時短の豚しゃぶ鍋は忙しい日の我が家の定番ごはん。野菜たっぷりだから食べすぎた日の翌日やダイエット中もおすすめ。

20分 調理時間

保存期間3〜4日

材料(2〜3人分)

結び昆布(普通の昆布でもOK)	6個
しらたき(結びタイプ)	1パック(5個)
白菜	1/4株
長ねぎ	1本
豚肉(薄切り)	200〜300g
豆腐(もめん)	1パック(350g)
しいたけ	1パック
えのきだけ	1袋
春菊	1袋
ぽん酢	適量
ゆずこしょう	適宜

作り方

❶ 鍋に結び昆布と水700mlを入れて中火にかけ、さっと洗って水気を切ったしらたきを入れる。白菜は芯を薄切り、軸と葉はざく切りにして順に鍋に入れ(芯も捨てずに使う)、長ねぎは緑の部分も一緒にななめ切りにして鍋に入れる。

しらたきは結びタイプが食べやすくておすすめ。なければ普通のしらたきを切って入れましょう。

❷ 沸騰したら豚肉を入れてほぐす。豆腐を8等分して入れ、しいたけの石づきを切り落として軸ごと半分に切って入れ、ふたをして蒸し煮にする。

❸ えのきだけは石づきを切り落としてほぐし、春菊は洗ってざく切りにして鍋に入れてふたをする。再び沸騰して春菊がしんなりしたら食卓へ運び、ぽん酢とゆずこしょうをつけながら食べる。

👉POINT

火が通りにくいものから順に入れましょう。86ページのゴマだれや、大根おろし、青ねぎ、ゆず、レモン、七味唐辛子を添えてもおいしいです。

白菜は葉も、軸も、芯(右側の三角形の根元部分)も食べられるので捨てずに使います。芯は硬いので薄切りに。

えのきだけは根元部分がおいしいのでギリギリまで使いましょう。石づきを切り落としてほぐし、石づきがまじっていたら取り除きます。

豚肉でも、鶏肉でも、魚介類でもOk。野菜は冷蔵庫の残り野菜なんでもOk。

鍋の残りで雑炊

豚しゃぶ鍋はアレンジ自在。
雑炊のほか、うどんや麺を入れ
てもおいしいです！

10分 調理時間

保存期間2〜3日

材料（2〜3人分）

豚しゃぶ鍋の残り	適量
ごはん	茶わん1杯分
卵	1個
青ねぎ	3〜4本
薄口しょうゆ	大さじ1〜2（好みで調整）

作り方

❶ 豚しゃぶ鍋の残りを中火にかけ、沸騰したらご
はんを入れてほぐし、薄口しょうゆで味をととの
える。

❷ 卵を溶いてまわし入れ、ふたをして2〜3分、卵
が固まるまで加熱する。

❸ 青ねぎを小口切りにして❷に散らし、器に盛る。

鍋の残りで豚汁

昆布のだし、肉と野菜のうま味
たっぷりの豚しゃぶ鍋は、みそ
を入れるだけで豚汁に！

5分 調理時間

保存期間2〜3日

材料（2人分）

豚しゃぶ鍋の残り	おわん2杯分
絹さや	10枚
みそ	大さじ1（味をみて調整）

作り方

❶ 豚しゃぶ鍋の残りを火にかけ、沸騰したらヘタを
取ってななめ半分に切った絹さやを入れ、20秒
で火を止め、みそで味をととのえる。

POINT

みそは沸騰させると風味が落ちるので、火
を止めてから入れましょう。野菜がクタクタ
になっているときは、絹さやのような緑色の
野菜を追加すると彩りよくなります。

アボカドとクリームチーズの
手巻き寿司

火を使わず、切るだけで作れる簡単でおいしい手巻き寿司。豪華な刺身や手の込んだ具材がなくても、アボカドとチーズと野菜だけで大満足！手軽に作れて、生野菜がたっぷり摂れるヘルシーな野菜手巻きは、忙しい日におすすめです。

20分
調理時間

材料（2人分）

ごはん	茶わん1杯分
ひきわり納豆	2パック
青ねぎ	5本
かいわれ大根	1パック
カラーピーマン（赤・黄・オレンジ）	各1個
きゅうり	1本
クリームチーズ	30〜40g
しそ	4〜6枚
アボカド	1個
焼きのり（全形）	3〜4枚
酢	大さじ1
甘酒（濃縮タイプ）	大さじ1
みそ	小さじ1
レモン汁	大さじ1〜2
しょうゆ	適量
わさび	適量

作り方

❶ アツアツのごはんに酢と甘酒をまわし入れ、切るようにまぜながら冷まし、酢飯を作る。

❷ ひきわり納豆にみそを入れてまぜ、青ねぎを小口切りにしてまぜる（青ねぎが多く感じますが、まぜるとしんなりしてちょうどいい量に）。

❸ かいわれ大根は根を切り落とし、キッチンペーパーに包んでしっかり水気を切る。カラーピーマンはヘタと種を取って縦に8〜12等分に切り、きゅうりは横に3つ、縦に4つに切り、クリームチーズは小さめの角切りにして、しそと一緒に器に盛る。

❹ アボカドは下記を参考にして縦8つに切り、レモン汁をまぶして器に盛る。

❺ 焼きのりを4つに切り、しょうゆ、わさびを添える。焼きのりにごはんを少量のせ、アボカド＋野菜、クリームチーズ＋野菜、納豆＋野菜を巻いて食べるのがおすすめ。

野菜は何でもOK！パプリカ、ブロッコリースプラウト、わさび菜、レタス、キャベツのせん切りなど、好きなものを巻いてください。刺身やスモークサーモン、うなぎ、タラコ、しらす、梅干しを入れてもおいしい！

しそが残ったら、茎の部分だけ水に浸かるようにして、立てて冷蔵庫で保存すると長持ちします。

☞POINT

甘酒がなかったらハチミツや砂糖でもOK。アツアツごはんにまぜると酸味が飛んでおいしい酢飯になります。
かいわれ大根の水気をしっかり切らないと、ほかの具材もぬれ、食べるときにのりが湿気でベチャベチャになります。面倒でもキッチンペーパーに包んで水切りをするのがおすすめです。

☞アボカドの切り方と変色を防ぐ方法

❶ アボカドは皮が黒くなり、実がやわらかくなるまで常温で追熟させる（夏場1日、冬場2〜3日くらい）。

❷ アボカドは縦に包丁を入れて、種のまわりをぐるっと一周切り込みを入れ（写真a）、ひねりながら2つに割る（写真b）。

❸ 種に包丁のあごを刺して、ひねりながら取る（写真c）。

❹ 縦に2つに切って手で皮をむき（写真d）、さらに縦に半分に切る（8等分する）。

❺ すぐにレモン汁をまぶして色止めをする。アボカドは空気に触れると変色するので、食べる直前切り、レモン汁で色止めをして、早めに食べましょう。

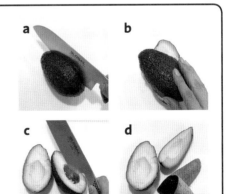

a　b
c　d

キャベツたっぷりで麺は2人で1玉！ボリューミー＆ヘルシーで、栄養バランスもととのう簡単焼きそば。目玉焼きを崩しながら食べるとさらにおいしいです。

30分 調理時間

材料（2人分）

玉ねぎ	大1個	かつお節	1つかみ
人参	5cm	油	小さじ1
生姜	1片	しょうゆ	大さじ2
キャベツ	1/2玉	酢	大さじ2
しめじ	1パック	ソース	適量
ピーマン	1袋	こしょう	適量
卵	2個	青のり	適宜
豚肉（薄切り）	200g	白ゴマ	適宜
中華麺	1玉		

目玉焼きを作ったフライパンは洗わなくてOk！そのまま焼きそばを作れば、洗い物が1回ですみます！

👉POINT

野菜はできるだけ皮ごと、種ごと、丸ごと使いましょう。人参や生姜の皮も、キャベツの芯も、ピーマンのヘタと種も食べられます。取り除く手間が省けて時短になり、ゴミが減り、食物繊維も摂れるので一石三鳥です。

作り方

❶ 玉ねぎは薄切り、人参は皮つきのまま短冊切り、生姜は皮つきのまません切り、キャベツは芯ごとざく切り、しめじは石づきを切り落とし、ピーマンはヘタと種も一緒にせん切りにする。

❷ フライパンに油を広げて中火で熱し、卵を割り入れて目玉焼きを作り、取り出す。

❸ 同じフライパンに豚肉、しょうゆ、酢、❶の玉ねぎ、人参、生姜を入れて中火で炒め（油不要）、豚肉に火が通ったら具を外側によせて、中央のくぼみに中華麺と付属のソース、水100mlを入れ、キャベツを上にのせて3〜5分ほど麺を蒸し焼きにする。

麺にキャベツでふたをするように広げて蒸し焼きにする。

❹ 全体的にまぜながら炒め、キャベツがしんなりしたら❶のしめじとピーマンを入れてさらに炒め、かつお節を入れる（水分をかつお節に吸わせる）。ソースとこしょうで味をととのえ、器に盛り、青のりと白ゴマをかけ、❷をのせる。

豚肉とキャベツの焼きそば目玉焼きのせ

うどん直入れで時短！ゆず入り鶏みぞれうどん

ジューシーな鶏もも肉と大根おろしにゆずが香る絶品うどん。冷凍うどんを使えば別鍋でゆでる必要がなく、洗い物も、時間も、手間も省けてラクラクです。

🕒 **20分** 調理時間

材料（2人分）

昆布	10×20cm
大根	1/2本（800g）
生姜	2片
鶏肉（もも）	1枚
みつば	1袋
ゆず	1個
冷凍うどん	2玉
白ゴマ	適宜
A 酒・みりん	各大さじ3
A 薄口しょうゆ	大さじ4
A 酢	大さじ2

作り方

❶ 昆布をはさみで細く切って、水200mlと一緒に大きめの鍋に入れる。大根と生姜を皮つきのまますりおろして鍋に入れ、ふたをして中弱火でゆっくり加熱する。

❷ 鶏肉をひと口大に切り、みつばは根を切り落として長さ3cmに切り、ゆずは皮をむいてせん切りにし、果汁をしぼる。

❸ ❶が沸騰したらAと❷の鶏肉を入れて10分煮て、冷凍うどんを凍ったまま入れ、ほぐしながら1～2分（表示時間通りに）ゆでる。

❹ 器に盛り、❷のみつばとゆずの皮をのせ、白ゴマをかけ、ゆず果汁を添える。

乾麺で作る場合は、別鍋でゆでて器に盛り、つゆをかけます！

大根の下半分は生で食べると辛味の強い部位ですが、加熱すると甘く、おいしくなります！

 POINT

昆布は細かく切り、長く水に浸け、ゆっくり加熱するとだしがよく出ます。沸騰しても取り出さず、そのまま具として食べれば、食物繊維やミネラルも摂れて一石二鳥です。

大根たっぷり1/2本使い切り！これが甘く、おいしくなるポイント。

冷凍うどんは凍ったまま、鍋に直に投入でき、コシが強くておいしい！

フライパン1つで作る
桜エビのトマトクリームパスタ

桜エビとトマト缶とチーズで作る、こってりおいしい簡単ペスカトーレ風パスタ。
パスタをソースに直入れするから別ゆで不要! 後片づけラクチンな時短レシピです。

25分
調理時間

材料(2人分)

玉ねぎ	大1個
ニンニク	1片
しめじ	1パック
オクラ	1袋
ホールトマト缶	1缶(400g)
桜エビ	14〜20g
パスタ	140g
チーズ(ピザ用)	60g
こしょう	適量
A 赤ワイン	大さじ3
A みそ	大さじ4
A 一味唐辛子	少々(好みで調整)

作り方

❶ 玉ねぎは薄切り、ニンニクはすりおろし、しめじは石づきを切り落とし、オクラはガクを取って輪切りにする(塩もみ不要)。

❷ フライパンにホールトマト缶と水500mlを入れ、A、桜エビ、❶の玉ねぎとニンニクを入れて中火にかけながらトマトをつぶし、沸騰したらパスタを入れ、ほぐしながらゆでる(表示時間の1.5〜2倍が目安)。

❸ パスタを食べてみて、少し芯が残るくらいで❶のしめじとオクラ、チーズを入れて強火で水分を飛ばしながら炒め、こしょうで味をととのえ、器に盛る。

パスタはお湯でゆでるより時間がかかるので、表示時間より長めにゆで、食べてゆで具合を確認するのがポイント!

👉 **POINT**

みそは塩分だけでなくうま味もたっぷりで、味に深みが出ておいしくなります。仕上げにピザ用チーズを入れるとコクとうま味がアップ!

ホールトマト缶は、中に水を入れてゆすぎながらあけるとムダなく使い切れます。

パスタをソースに直接入れ、くっつかないように菜箸でほぐしながらゆでるときれいに仕上がります。

濃厚でおいしい簡単豆乳クルミだれはそばとの相性が抜群!きゅうりやみょうが、青ねぎなど、野菜や薬味をたっぷり添えて食べると栄養バランスもアップします。

調理時間 20分

材料（2人分）

きゅうり	1本
みょうが	2個
青ねぎ	5〜6本
すだち（レモン、ゆずでもOK）	2個
クルミ	60g
生姜	1〜2片
かつお節	大さじ2（3g）
豆乳（無調整・おから入り）	100〜150ml
十割そば（乾麺）	200g
みそ	大さじ1
しょうゆ	大さじ2

作り方

❶ きゅうりは横に3つに切って縦にせん切り、みょうがは縦にせん切り、青ねぎは小口切り、すだちは横半分に切って器に盛る。

❷ フードプロセッサーにクルミ、生姜（皮つきでOK）、かつお節を入れて粉末にし、みそ、しょうゆ、豆乳を半量加えてさらに撹拌し、残りの豆乳を少しずつ入れて、好みの濃度に調製してクルミだれを作り、器に盛る。

❸ 十割そばを表示時間通りにゆで、冷水でしめて器に盛り、そば湯を添える。

そばに含まれるルチンはポリフェノールの一種。水溶性でゆで汁に溶け出してしまうので、そば湯も残さず飲みましょう!

👉 POINT

クルミは空気に触れると変色しやすいので、薬味の準備をしてから最後にフードプロセッサーにかけ、早めに食べましょう。フードプロセッサーがないときは、すり鉢ですって作ってもOKです。

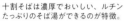

十割そばは濃厚でおいしい。ルチンたっぷりのそば湯ができるのが特徴。

氷水でしめると、コシがあってのど越しのいい、おいしいそばになります。

濃厚クルミだれで食べる
薬味たっぷりそば

豚ひき肉とコーンの
ドライカレー

豚ひき肉のコクと玉ねぎやりんごジュースの甘味がおいしい簡単ドライカレー。
辛さを個別に調節できるから、家族みんなで楽しめます。野菜たっぷりでごはんは1
人分わずか茶わん1/2杯！作り置きができて、冷めてもおいしくお弁当にもおすすめ！

調理時間 **30分**
保存期間2～3日

材料（2人分）

玉ねぎ	中1個
生姜	1～2片
豚ひき肉	200g
りんごジュース	200ml
コーン缶	1缶（190g）
いんげん	1袋
パプリカ（赤）	1個
ごはん	茶わん1杯分
みそ	大さじ4
カレー粉	大さじ1～2（好みで調整）

作り方

❶ 玉ねぎと生姜（皮つきでOK）をみじん切りにして
フライパンに入れ、豚ひき肉、りんごジュース、
みそ、コーン缶の汁を入れて（コーンは最後に入
れる）、中火で15～20分炒める。

❷ いんげんはヘタを切り落として、1cmの小口切
り、パプリカはヘタと種を取って1cmの角切りに
する。

❸ ❶の水分がなくなったら❷、コーン、カレー粉
を入れて、強火で1～2分炒めて火を止め、ごは
んをまぜ、器に盛る。

☞ **POINT**

豚ひき肉と野菜で具だくさんだから、ごは
んは1人分茶わん1/2杯！
豚ひき肉から脂が出るから油不要、玉ね
ぎとりんごジュースで甘くなるから砂糖不
使用。野菜たっぷり！低カロリーで、ダイ
エットにもおすすめです。

コーン缶の汁はうま味たっぷりでおいしいので、捨てずに使います！

コーン缶は商品によって塩分がち
がうので、味が足りないときは、
みそを足して調整しましょう！

みそを減らして、具だけで食
べてもおいしいです。みそは
塩分＋うま味なので、カレー
の隠し味にもおすすめ！

作り置きをする場合は、ごはんを
まぜる前の状態で保存し、食べ
るときにごはんをまぜると日持ち
します。ごはんにのせて、まぜな
がら食べてもおいしいです！

火を止めてごはんをまぜると油なしでも焦げつきません。

☞ **POINT**

カレー粉（ルウではなく粉状のもの）はメー
カーによって辛さがちがうので、好みで調
整してください。カレー粉を減らすと甘口に、
増やすと辛口になるので、辛さを自由に
調整できます。カレー粉は後から足しても
いいので、家族で好みがちがう場合は甘
めに作り、辛口の人だけカレー粉を足すと、
個々に好きな辛さに作れます。

づけマグロの
とろろ丼

マグロの刺身を「づけ」にして、とろろと一緒に丼に！青ねぎをたっぷりごはんにまぜることで、野菜も摂れ、1品で栄養バランスもととのう理想的な丼です。

20分
調理時間

材料（2人分）

マグロ（刺身用）	200g
青ねぎ	1束
白ゴマ	大さじ1
ごはん	茶わん2杯分
大和芋（長芋でもOK）	200g
きざみのり	適量（たっぷりがおすすめ）
わさび	適量
白だし（なければ薄口しょうゆ）	大さじ1
A｜酒・みりん	各大さじ2
｜しょうゆ	大さじ3

作り方

❶ Aをひと煮立ちさせて冷まし、マグロを入れて20〜30分漬ける。

❷ 青ねぎを小口切りにして、白ゴマと一緒にアツアツのごはんにまぜる。

❸ 大和芋はひげを手でむしり、皮つきのまますりおろし（皮はむかなくてOK）、白だしをまぜてとろろを作る。

❹ ❷を器に盛り、きざみのり、❸、❶を汁ごとのせ、わさびを添える。

皮ごとすりおろすことで、とろろが少し茶色くなりますが、白だしや薄口しょうゆをまぜても茶色くなるので、気になりません。皮をむく手間が省けてゴミも減るのでおすすめです！

青ねぎが多すぎ?!と思っても、まぜるとごはんの熱でカサが減って、ちょうどいいバランスになるので大丈夫！

大和芋や長芋は皮ごと食べられます！ひげも気にならなければそのままでOK。皮ごとすりおろしましょう。

POINT

マグロのづけは、前日から漬けておいてもOK。時間がなければ、5分でもOkです。タイ、ヒラメ、アジなどで作ってもおいしい！

ゆで時間の短いそうめんは忙しいときにぴったり。こってりおいしい肉みそと一緒に野菜もたくさん食べられ、これ1品で栄養バランスもお腹も大満足です。

材料（2人分）

干ししいたけ	10g
玉ねぎ	中1個
生姜	1片
ニンニク	1片
豚ひき肉	200g
卵	2個
オクラ	1袋
ミニトマト	1パック
そうめん	150g
白ゴマ	適量
こしょう	適量

A	酒・みりん・みそ・酢	各大さじ2
	ハチミツ・オイスターソース	各大さじ1
	一味唐辛子	少々（好みで調整）

👉POINT

干ししいたけをフライパンの中で戻せば、洗い物を1つ減らせます。ひき肉を沸騰後に入れると、粒が残って食べごたえのある肉みそに。オクラは生でそのまま食べられるので塩もみも下ゆでも不要です。

作り方

保存期間2日

❶ 干ししいたけと水200mlをフライパンに入れ、戻している間に玉ねぎをみじん切りにして、生姜（皮つきでOK）とニンニクはすりおろす。干ししいたけが戻ったら軽くしぼってみじん切りにする（戻し汁はフライパンの中）。

❷ ❶とAをフライパンに入れて中火にかけ、沸騰したら豚ひき肉を入れてほぐしながら炒め、汁気が少し残るくらいで火を止め、こしょうで味をととのえる。

肉みそは少し汁気が残るくらいの方がそうめんとよくからんでおいしいです。

❸ 卵を水から10〜12分ゆでて冷水で冷やし、殻をむいて半分に切る（37ページ参照）。

❹ オクラはガクを切り落として輪切り（塩もみ、下ゆで不要！）、ミニトマトはヘタを取って縦に4等分する。

❺ そうめんを表示時間通りにゆでて流水で洗って水を切り、器に盛り、❷、❸、❹のオクラとミニトマトをのせ、白ゴマをかける。

肉みそぶっかけ
そうめん

納豆とチーズとパンは意外な組み合わせですが、実はとってもよく合います！
パッと作れておいしくて、野菜も摂れて大満足。小腹がすいたときにもおすすめ。

10分
調理時間

材料（2人分）

食パン（6枚切り）	2枚
納豆	2パック
青ねぎ	6本
チーズ（ピザ用）	50～60g
きざみのり	適量
みそ	小さじ1

作り方

❶ 食パンをオーブントースター（またはグリル）で片面5分ずつ焼く。

❷ 納豆とみそをボウルに入れてよくまぜ、小口切りにした青ねぎ（トッピング用に少し取り置く）を入れてさらにまぜる。

❸ ❶にチーズを半量のせ、きざみのり、❷の順にのせ、残りのチーズ、❷で取り置いた青ねぎをかける。

❹ オーブントースターで5～10分、チーズが溶けるまで焼き、器に盛る（焼きすぎない）。

👉 **POINT**

最初に食パンを軽くトーストしてからのせると、具の重みでパンが沈むのを防げます。ピザ用チーズがないときは、とろけるスライスチーズでもOk。チーズが軽く溶ける程度に焼けばOk。焼きすぎると納豆のにおいが強くなり、チーズがとろとろすぎると食べづらいです。

チーズを最初に半量のせるのは、パンとのりの接着剤になり、食べるときに具がズルッと落ちるのを防ぐためです！

青ねぎが多すぎるように思いますが…

まぜると塩分でしんなりしてカサが減り、焼くとさらに小さくなります。

チーズをまんべんなくかけると納豆が固定されて食べやすくなります。

納豆チーズトースト

アボカドとサーモンの クリームチーズサンド

アボカド、スモークサーモン、クリームチーズは私が最も好きなサンドイッチの組み合わせ。アボカドがズルッとすべり落ちないから、食べやすいのもポイント！

15分
調理時間

材料（2人分）

クリームチーズ	90g
ブロッコリースーパースプラウト	1パック
アボカド	1個
食パン（8枚切り）	4枚
スモークサーモン	100g
レモン汁	大さじ1〜2
マヨネーズ	大さじ4

作り方

❶ クリームチーズは室温に戻し、ブロッコリースーパースプラウトは水でさっと洗ってスピナーなどでしっかり水気を切る（水気があるとパンがベチャベチャになる）。アボカドは皮と種を取って縦8つに切り（11ページ参照）レモン汁をまぶす。

❷ 食パン2枚に❶のやわらかくなったクリームチーズをぬり広げ、スモークサーモンを敷き詰める。

❸ ❶のブロッコリースーパースプラウトの1/4量をスモークサーモンの上にそれぞれのせ、❶のアボカドを4つずつのせ、残りのブロッコリースーパースプラウトをのせる（半量ずつのせるのがポイント！）。

❹ 残りの食パン2枚の片面にマヨネーズをぬり、❸にかぶせてしっかりと押さえ、ラップ、クッキングシートに包んで半分に切り、器に盛る。

ブロッコリースーパースプラウトの間にアボカドを入れるとすべり止めに！

ラップでぴったりと包んでから、クッキングシートに包むと崩れにくい！

クッキングシートにテープは貼れないので、ホッチキスで固定します。

サンドイッチにバターをぬるのは、具とパンの接着剤になり、具の水分がパンに浸透しないように防水するため。このレシピでは、クリームチーズとマヨネーズで代用しているので、まんべんなくぬり広げましょう。マヨネーズと一緒にマスタードをぬってもおいしい！

👉POINT

ブロッコリースプラウトは、まっすぐタイプではなく、ちぢれタイプを使うのがポイント！食べるときにアボカドがズルッとすべり落ちるのを防ぎ、とても食べやすいです。

ガパオライス風
目玉焼きのせ

タイ料理の定番ガパオライスを作りやすくアレンジ。カリカリに焼いた目玉焼きをのせるのが本場流です。簡単、ボリューミー、野菜もたっぷり摂れる一品です。

30分 調理時間

材料（2人分）

卵	2個
玉ねぎ	中1個
ニンニク	1片
鶏ひき肉（もも）	200g
ピーマン	2〜3個
パプリカ（赤）	1個
バジル（生）	1パック
ピーナッツ	30g
ごはん	茶わん2杯分
油	大さじ1
こしょう	適量
A 酒・ナンプラー	各大さじ2
オイスターソース・ハチミツ	各大さじ1
唐辛子（輪切り）	小さじ1（好みで調整）

作り方

❶ フライパンに油を広げて中火で熱し、卵を割り入れ、白身がカリカリになるまで焼いて目玉焼きを作り、取り出す。

❷ 玉ねぎは横に半分に切って縦に薄切り、ニンニクはすりおろし、Aと一緒に❶のフライパンに入れ（洗わずそのまま使う）、中火で炒め、ニンニクの香りが立ったら鶏ひき肉を入れて炒める。

❸ ピーマン（ヘタ・種ごと）とパプリカ（ヘタ・種を取る）は横に半分、縦にせん切りにし、❷に加えてさっと炒める（2〜3分）。

❹ バジルは飾り用を取り置いて手でちぎり、❸に加えてまぜ、こしょうで味をととのえて器に盛る。ごはん、❶の目玉焼きをのせ、飾り用のバジルを添える。

目玉焼きを作ったフライパンは洗わずそのまま使って0k。油が残っているので、油を足す必要はありません。洗い物と油を減らして一石二鳥です！

「ガパオ」とは、「ホーリーバジル」や「カミメボウキ」と呼ばれるバジルの一種。日本では手に入りにくいので、スイートバジルで代用します！

👉POINT

ナンプラーは魚を塩漬け発酵させた魚醤で、スーパーで買えるポピュラーなタイの調味料です。入手できない場合やにおいが苦手な人はしょうゆでもOkです。

すぐ出せる
作り置きレシピ

作り置きができるおかずは、忙しいときでもすぐ
に食べられて、とにかく便利! テレワーク中のラ
ンチはもちろん、お弁当やおつまみ、もう1品お
かずがほしいときにも重宝します。
野菜たっぷりのヘルシーな常備菜は、コンビニ
弁当やインスタント食品にプラスするだけで、ビ
タミンやミネラル、食物繊維が補え、栄養バラ
ンスもアップ。時間のあるときにまとめて作って、
おうちごはんを充実させましょう。

ナスとマッシュルームの野菜たっぷりミートソース

玉ねぎとりんごジュースの甘味がおいしい、料理教室やイベントでも大人気の絶品ミートソース。作り置きも、冷凍も可能で、アレンジ自在の万能ソースです。

調理時間 30分

材料（3〜4人分・作りやすい分量）

保存期間4〜5日

玉ねぎ	大1個
人参	1本
ニンニク	1片
ホールトマト缶	1缶（400g）
りんごジュース	200ml
牛ひき肉	200〜250g
ナス	3本
マッシュルーム	1パック
こしょう	適量

A	赤ワイン・みそ	各大さじ4
	りんご酢	大さじ2
	一味唐辛子	少々（好みで調整）

作り方

❶ 玉ねぎはみじん切りにする。人参は皮つきのままひと口大に切り（適当でOK）、ニンニク、ホールトマト缶、りんごジュースと一緒にミキサーで撹拌する。

❷ 鍋に❶と**A**を入れて中火にかけ、沸騰したら牛ひき肉を入れてほぐしながら20分ほど煮る。

❸ ナスはヘタを取って皮ごと乱切り、マッシュルームは厚めにスライスして❷に入れ、水分がなくなるまで10分ほど煮詰め、こしょうで味をととのえて器に盛る。野菜たっぷりなので、1品でバランスよく食べることができますが、サラダやバゲット（分量外）を添えると、さらに栄養バランスとボリュームがアップ！

人参やトマト缶はミキサーにかけると一気にピューレ状になるのでラクです！

ナスはヘタの中がおいしいので、鉛筆を削るようにヘタだけを取り除きましょう。

👉POINT

ミキサーがなければ、人参とニンニクをすりおろし、トマト缶はフォークでつぶします。沸騰してから牛ひき肉を入れると、ひき肉の粒が残って、こってり食べごたえのあるミートソースになります。

ミートソースのパスタ

ミートソースをあたためてパスタにかけるだけ! 忙しいときに大活躍のヘルシーパスタです。

（調理時間 10分）

材料(2人分)

ミートソース	適量
パスタ	140g
みそ	大さじ1(味をみて調整)
イタリアンパセリ(あれば)	適宜

作り方

❶ ミートソースを鍋や電子レンジであたため、みそを足して味をととのえる(そのままでも食べられる塩分にしてあるので、パスタにかけるときはみそを足して少し味を濃くする)。

❷ パスタを好みのかたさにゆでて器に盛り、❶をかけ、好みでイタリアンパセリを飾る。

粉チーズ(分量外)をかけてもおいしい!

ミートソースでポテトグラタン

ミートソースとじゃが芋とチーズは相性抜群! ラザニアやドリアにしてもおいしい。

（調理時間 10分）

材料(2人分)

じゃが芋	2~4個
ミートソース	適量
チーズ(ピザ用)	適量(30~50g)
パセリ(あれば、生でもドライでもOK)	適宜
こしょう	適量

作り方

❶ じゃが芋はよく洗って芽を取り、皮つきのまま蒸し器で30分蒸す(蒸した方がおいしいですが、時間がないときは電子レンジでOK)。

❷ ❶を切って耐熱皿に並べ、電子レンジで軽くあたためたミートソース、チーズ、パセリの順にのせ、こしょうをかけてオーブントースター(またはグリル)でチーズが溶けるまで焼く(10~15分)。

きゅうりとパプリカと人参のレモンピクルス

お酢が苦手な人でも食べられる、さっぱり甘酸っぱいピクルス。野菜がたくさん食べられ、お酢のクエン酸で疲労回復も期待できる、体にうれしい常備菜です。

15分 調理時間

材料(4〜5人分・作りやすい分量)

保存期間7日

ニンニク	1片
きゅうり	1本
パプリカ(赤)	1個
人参	1/2本
レモン	1個
A りんご酢	250ml
白ワイン	大さじ3
みりん	大さじ2
ハチミツ	大さじ8
塩	小さじ1

タイムやディルなどのハーブと一緒に漬けると、さらにおいしくなります。ハーブは生でも、ドライでもOK。ハチミツの代わりにアガベシロップを使うと、血糖値の急上昇が抑えられ、食物繊維も摂れるのでヘルシーです!

作り方

❶ ニンニクをすりおろし、**A**と一緒に鍋に入れて中火にかけ、沸騰したら火を止めてあら熱を取る。

❷ きゅうりは厚めの輪切り、パプリカは縦に半分に切ってヘタと種を取り、横に5mm幅に切る。人参は皮つきのまま厚めのいちょう切り、レモンは半月切りにする。

❸ ジッパーつき保存袋に❷を入れて❶を注ぎ、空気を抜いて密封し、冷蔵庫でひと晩漬ける。漬け汁が少なめですが、時間がたつと野菜から水分が出てちょうど野菜が漬かる量になります。2〜3時間ごとに空気を抜き、天地を返しながら、漬け汁が全体にまわるようにするとまんべんなく漬かります。

POINT

レモンは皮ごとバリバリ食べられます!農薬が気になる人は、国産の無農薬レモンを使いましょう。
クエン酸たっぷり、野菜のビタミンが溶け出た漬け汁は、捨てずに活用しましょう。もずくやわかめの酢の物、サラダのドレッシング、酢豚、甘酢あんかけなどに使うのがおすすめです。

オレンジの香りがさわやかで、レーズンの甘味とクルミの食感がアクセントのキャロットラペ。砂糖と油不使用でかなり低カロリー！太らない常備菜です。

材料（4人分・作りやすい分量）

オレンジジュース	500ml
レーズン	大さじ2（25g）
人参	1本
クルミ	適量（15〜20g）
A りんご酢	大さじ2
みそ・ハチミツ	各大さじ1

作り方

❶ オレンジジュース、レーズン、Aを鍋に入れて強火にかけ、1/4量になるまで（とろみがつくまで）煮詰めて火を止め、あら熱を取る。

❷ 人参を皮つきのまません切りにして、ジッパーつき保存袋に入れ、❶を注ぎ、空気を抜いて密封し、冷蔵庫で2〜3時間以上漬ける。

❸ 食べるぶんだけ器に盛り、クルミを手で適当な大きさにちぎってのせる。

保存期間4〜5日

調理時間20分

クルミは一緒に漬け込まず、食べる直前にトッピングするのが、食感よく仕上げるコツ。軽くローストするとさらに食感と香りがよくなります！

👉POINT

オレンジジュースはとろっと濃厚になるまで煮詰めるのがポイント。漬けだれが薄いと、しっかり漬かりません。
オレンジの漬け汁は、ドレッシングやソースなどに使えるので、捨てずに活用しましょう。

レーズンとクルミの
キャロットラペ

コールスローはキャベツをせん切りにしてドレッシングであえたサラダ。キャベツの食物繊維とヨーグルトの乳酸菌がお腹の調子をととのえ、免疫力を高めます。

20分
調理時間

材料（3〜4人分・作りやすい分量）

ヨーグルト（無糖）……………………… 100g
紫キャベツ ………………………… 1/4玉（250g）
人参……………………………………… 3cm
切り干し大根 …………………………… 15g
A | 白みそ（なければ普通のみそ） ……… 大さじ2
　 | レモン汁・粒マスタード ………… 各大さじ1
　 | こしょう ………………………………… 適量

作り方

保存期間1〜2日

❶ ジッパーつき保存袋にヨーグルトとAを入れてまぜる。

❷ 紫キャベツはせん切り、人参は皮つきのまません切りにして、❶に入れてまぜる。

❸ 切り干し大根はさっと洗ってしぼり（砂汚れを落とすために軽く洗う。長く水にさらすとだしが流れ出てしまうので、さっと洗ってすぐにしぼるのがポイント）、包丁やはさみで食べやすい大きさに切る。

❹ ❸をほぐしながら❷に入れてまぜ、空気を抜いて密封し、冷蔵庫でひと晩漬ける。キャベツと人参から出た水分を切り干し大根が吸って戻り、どちらもちょうどいい食感になります。

紫キャベツがなければ、
普通のキャベツでもOKです！

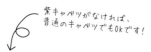

POINT

一般的なコールスローはキャベツを塩でもんで、しぼってからドレッシングとあえますが、キャベツの栄養が流れ出てもったいないので、しぼらず、切り干し大根に吸わせるのがポイント！切り干し大根のだしでさらにおいしくなります。切り干し大根の代わりに、おからパウダーやわかめなどの乾物を入れて水分を吸わせてもOKです。

ツナ缶をオイルごと入れてもおいしい！コクとうま味がプラスされます！

紫キャベツの
コールスロー

ツナとピーマンの塩昆布あえ

塩昆布とツナ缶のうま味でピーマンがおいしくなる、簡単でおいしい作り置きおかず。ピーマン嫌いの子供にも人気です。お弁当のおかずにもおすすめ!

調理時間 10分

保存期間1~2日

材料(2~3人分)

ピーマン	2個
赤ピーマン	2個
ツナ缶(オイルタイプ)	1缶(70g)
塩昆布	大さじ1~2
こしょう	適量

作り方

❶ ピーマンと赤ピーマンはヘタと種も一緒にせん切りにする(ヘタも種も食べられます)。ピーマンが大きい場合は、食べやすい長さに切る。

❷ ジッパーつき保存袋にツナ缶をオイルごと入れ、❶、塩昆布、こしょうを入れてまぜる。

❸ 保存袋の中の空気を抜いて密封し、冷蔵庫で2～3時間漬ける。

ツナ缶と塩昆布の塩分はメーカーによってちがうので、味をみて、しょうゆやこしょうで調整してください。

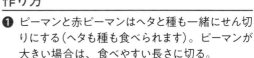

POINT

赤ピーマンを入れるとカラフルできれいですが、なければ緑色のピーマンだけでもOKです。ピーマンはヘタも種も食べられるので、取らずにそのまま使いましょう。ヘタと種を取る手間が省けて、ゴミも減り、時短・節約になります。

ピーマン嫌いを克服!

カラフルでおいしいから、お弁当のおかずにもぴったり。朝作って詰めれば、お昼には食べ頃になります。
実は、子供の頃に母がよく作ってお弁当に入れてくれた思い出の味をアレンジしたものです。ピーマン嫌いだった私が、なぜかこれだけは好きで、いつの間にかピーマンが食べられるようになりました。今はピーマン大好きです!

エビとタコと野菜のマリネ

魚介のうま味たっぷりで、野菜もおいしく食べられるマリネは、カラフルで見た目にも華やか。残ったマリネ液はごはんを入れて雑炊にするのがおすすめ!

⏱ **20分** 調理時間

保存期間1〜2日

材料(2〜4人分・作りやすい分量)

玉ねぎ	小1個
ニンニク	1片
タコ(ゆで・刺身用)	100〜150g
エビ(殻つき・生)	12尾(150〜200g)
ズッキーニ	1本
パプリカ(赤)	1個
レモン	1個
ディル(あれば)	2〜3本
A 白ワイン	100ml
りんご酢	大さじ4
白しょうゆ(なければ薄口しょうゆ)	大さじ2
ハチミツ	大さじ2

作り方

❶ 玉ねぎは薄切り、ニンニクはすりおろし、タコはひと口大に切る。

❷ 鍋に❶の玉ねぎとニンニク、**A**を入れて中火にかけ、沸騰したらエビを入れ、色が変わったら取り出し、タコを入れてすぐに火を止める。エビのあら熱が取れたら殻をむく。残った汁(マリネ液)と具材も冷ます。

❸ ズッキーニは厚めの輪切り、パプリカはヘタと種を取って横に半分、縦に5mm幅に切り、レモンは半月切りにする。

❹ ジッパーつき保存袋に❸、❷、ディルを入れてまぜ、空気を抜いて密封し、冷蔵庫で2〜3時間漬ける。

☞ **POINT**

うま味たっぷりのマリネ液は捨てずに使い切りましょう。ごはんを入れてリゾットにするほか、うどん、そうめん、パスタを入れてもおいしいです。レモンは皮も食べられます!農薬が気になる人は、国産の無農薬レモンを使いましょう。

漬け汁を煮切りながらエビをゆでて時短に。エビはゆですぎるとちぢんでかたくなるので、赤く色が変わったらすぐに取り出しましょう。

きゅうり、大根、人参、かぶなど野菜は好きなものでOK!

殻つきの生のエビは加熱するとおいしいだしが出ます。エビのうま味たっぷりのマリネ液を作るのがおいしさのポイント!

みそ床にひと晩漬けるだけでできる簡単みそ漬け。チーズも、卵も、野菜もびっくりするほどおいしくなります！ごはんのおかずやおつまみにもおすすめです。

調理時間 20分

材料（4人分・作りやすい分量）

保存期間1〜3日

卵	2個
きゅうり	1本
人参	1/2本
昆布	10×20cm
モッツァレラチーズ（ひと口タイプ）	1袋（90g）
しそ	適量
みそ	100g
みりん	大さじ1
一味唐辛子	少々（好みで調整）

作り方

❶ 卵を水から15分ゆでて冷水で冷やし、殻をむく（37ページ参照）。

❷ きゅうりは横半分に切り、人参は皮つきのまま縦に4つに切り、昆布ははさみで2cm角に切る。

❸ ジッパーつき保存袋にみそ、みりん、一味唐辛子を入れてまぜ、❶、❷、モッツァレラチーズを入れる。まんべんなくみそ床に漬かるようになじませ、空気を抜いて密封し、冷蔵庫でひと晩漬ける。

❹ 食べるぶんだけ取り出し（みそを洗い流さず、軽くぬぐう程度にする）、食べやすい大きさに切って器に盛り、しそを添える。

時間をかけてゆっくり食べたいときは、切り方を変えて、小さく切ったものから順に食べると、しょっぱくなりすぎず、最後までおいしく食べられます！

ジッパーつき保存袋を使うと、少量のみそでまんべんなく漬かり、雑菌も入りにくいので衛生的です。しっかりと空気を抜いて保存しましょう。

👉 **POINT**

漬け時間が長くなると味が濃くなります。きゅうりは1〜2日、人参は2〜3日くらいで食べ切りましょう。モッツァレラチーズと昆布と卵は、5日くらい漬けてもおいしいです。小さく切ると早く漬かり、大きく切ると漬かるのに時間がかかります。表示の切り方で漬けた場合、翌日に浅漬け、2日目にしっかり漬かります。

チーズと卵と野菜の
みそ漬け

ごぼうの歯ごたえと白ゴマの風味がおいしい、食べごたえ抜群の常備菜。ごぼうだけで作るのが一般的ですが、小松菜と昆布を入れると栄養バランスがアップ！

20分
調理時間

保存期間4〜5日

材料（4〜5人分・作りやすい分量）

昆布	10×40cm
ごぼう	1袋（1〜2本）
A 酒・みりん・薄口しょうゆ	各大さじ1
白ゴマ	大さじ3
小松菜	1袋
B 酢	大さじ1
甘酒（濃縮タイプ）	大さじ1
薄口しょうゆ	大さじ2

すり鉢がないときはフードプロセッサーを使うか、すりゴマでもOk！

作り方

1. フライパンに水300mlを入れ、昆布をフライパンに入る長さに切って入れる。ごぼうは泥をよく洗ってフライパンに入る長さに切り（皮むき、水さらし不要）、**A**と一緒に中火で5分煮る（かために下ゆでする）。

2. 白ゴマをすり鉢ですり（少し粒が残るくらいの半ずりに）、**B**と合わせて漬けだれを作る。

3. ❶のごぼうを熱いうちにすりこぎでたたいて長さ4cmに切り、昆布は4cmのせん切りにしてフライパンに戻し、さらに中火で10分煮る。

4. 小松菜は洗って長さ4cmに切る。❸の煮汁が少なくなったら小松菜を入れ、しんなりしたら火を止め、❷をまぜてあら熱を取る。ジッパーつき保存袋に入れて空気を抜いて密封し、冷蔵庫でひと晩漬ける（すぐ食べてもおいしくないので、半日以上は漬けましょう）。

👉POINT

ごぼうは皮をむかない方が香りがよく、手間が省けて、食物繊維も摂れるのでおすすめ。泥だけしっかり洗いましょう。

ごぼうはフライパンに入る長さに切り、たたいてから食べやすい大きさにカットします。

煮汁が少なくなったら小松菜を入れ、少ない煮汁でさっと煮る（小松菜から水分が出て煮汁が増える）。

小松菜と昆布入り
たたきごぼう

人参たっぷり！ごはんがすすむ松前漬け

濃いめのたれとスルメと昆布のうま味が絶妙においしい松前漬けは、ごはんとお酒がすすむ常備菜。人参をたっぷり入れると栄養バランスもアップします。

15分 調理時間

材料（7〜8人分・作りやすい分量）

保存期間7〜10日

生姜	2〜3片
人参	中2本（350g）
スルメ	50g
がごめ昆布	35g
かつお節	2つかみ
唐辛子（輪切り）	小さじ1/4（好みで調整）
A 酒・みりん・しょうゆ	各大さじ6
酢・ハチミツ	各大さじ2

作り方

❶ 生姜を皮つきのまません切りにして、**A**と一緒に鍋に入れて中火にかけ、沸騰したらかつお節と唐辛子を入れて火を止め、あら熱を取る。

❷ 人参を皮つきのまません切りにして、スルメとがごめ昆布ははさみで細く切る。

❸ ジッパーつき保存袋に❷を入れて、袋の中でよくまぜ、❶を注ぎ、空気を抜いて密封し、冷蔵庫でひと晩漬ける。

松前漬けは北海道の郷土料理。日持ちするので、時間のあるときにたっぷり作っておくと便利です！

かつお節は取り出さず、そのまま具として一緒に食べましょう！

たれを入れるとがごめ昆布のぬめりでまざりにくくなるので、先にまぜてからたれを入れ、空気を抜きます。

POINT

市販の松前漬けセット（スルメとがごめ昆布を細く切ったもの）を使うと、切る手間が省けて簡単です。
人参を太めに切ると、ポリポリとした食感が残っておいしいです。その場合は漬け時間を長くする（2〜3日）のがおすすめ。
数の子やいくらと一緒に食べてもおいしい！

キャベツときゅうりと人参の浅漬け

材料を切って、保存袋に入れてもむだけ! 超簡単な浅漬けは、昆布のうま味と唐辛子のピリッとした辛みがクセになるおいしさです。

調理時間10分

保存期間3〜4日

材料(4〜5人分・作りやすい分量)

キャベツ	1/4玉
人参	1/2本
きゅうり	1本
昆布	10×20cm
唐辛子(輪切り)	小さじ1/4(好みで調整)
薄口しょうゆ	大さじ2

作り方

❶ キャベツは芯を薄切り、葉をざく切りにして、人参は皮つきのままいちょう切り、きゅうりは厚めの輪切りにする。

❷ 昆布をはさみで細く切り、❶、唐辛子、薄口しょうゆと一緒にジッパーつき保存袋に入れる。袋を振って全体をまぜ、もみながら空気を抜いて密封し、1時間ほど置けば食べ頃に。

昆布からだしが出ておいしくなり、そのまま具として食べられます。唐辛子を入れすぎると辛すぎて食べられないので、少なめに入れ、辛みが足りないときは後から追加するか、食べるときに一味唐辛子をかけるのがおすすめです!

キャベツがシャキッとしている間は、完全に空気を抜くことができないので、もんで空気を抜いて5分置き、を2〜3回繰り返し、写真のようになるまで空気を抜くと、早くおいしく漬かります。

POINT

大根、白菜、みょうが、長芋など、生で食べられる野菜ならなんでもOK! 食べるぶんだけ器に盛り、空気を抜いて密封して、冷蔵庫で保存すれば、3〜4日はおいしく食べられます。薄口しょうゆの代わりに白しょうゆや白だしを使うと、色がきれいに仕上がります。どちらもない場合は、濃口しょうゆやぽん酢でもOKです。

PART 3

ちょっと豪華な
週末ごちそうレシピ

平日は忙しくて、つい簡単に済ませてしまいがち
ですが、週末くらいはちょっと豪華に、家族でお
うちごはんを楽しみたい！
そんなときにぴったりの、ボリューミーで華やか
な手作りごはんを紹介します。ホームパーティー
やおもてなしにもおすすめです。

すき焼き風肉豆腐
半熟卵のせ

大人も子供も大好きな"すき焼き"をフライパンで簡単に! 甘辛いたれがしみた牛肉と豆腐と半熟卵が絶品です。砂糖を使わないヘルシーな割り下は、スッキリした甘さで後味がよく、ダイエット中の人にもおすすめです。

調理時間 40分

材料(2人分)

干ししいたけ(スライス)	15g
玉ねぎ	大1個
生姜	1片
焼き豆腐	1パック
A しょうゆ・酒・みりん	各大さじ3
ハチミツ	大さじ2〜3(好みで調整)
絹さや	1パック
卵	2個
牛肉(すき焼き用)	200g

作り方

❶ 深型フライパンに干ししいたけと水300mlを入れる。玉ねぎは薄切り、生姜は皮つきのまますりおろし、焼き豆腐は8つに切って**A**と一緒にフライパンに入れ、中火にかける。

❷ 沸騰したらヘタを取った絹さやを入れて1分煮たら取り出し、残りの具材はそのまま弱火で20分煮る。

❸ 下記を参考にして半熟卵を作り、殻をむいて縦半分に切る。

❹ 煮汁が少なくなったら具材をよせてスペースを作り、牛肉を入れて煮汁をからめながらさっと火を通し、器に盛り、❷の絹さやと❸の半熟卵をのせる。

玉ねぎをたっぷり入れ、30分くらいかけてじっくり加熱すると、甘くおいしくなります!

絹さやは沸騰した煮汁で1分ゆでて取り出し、すぐに冷ますと色よく、食感よく仕上がります!

深型フライパンの真ん中に焼き豆腐を入れ、まわりに玉ねぎなどの野菜を入れると焼き豆腐が煮汁に浸かって味がよくしみ込みます。

具をよせて、煮汁があるところに牛肉を入れ、からめながら火を通します。色が変わったらすぐに火を止めるのがポイント!

☞POINT

牛肉は煮すぎるとかたくなるので、最後に入れましょう。煮詰まった濃いめのたれでさっと火を通し、すぐに取り出すのが、やわらかく仕上げるコツです。牛肉の代わりに豚肉や鶏肉、マグロで作ってもおいしい。長ねぎ、しめじ、しらたき、麩、うどんを入れるのもおすすめです!

☞失敗しない!半熟卵の作り方

❶ 卵を鍋に入れて水をひたひたにして15分ほど置き、室温に戻す(卵を水に浸けると早く室温に戻り、水からゆでると割れにくいです)。

❷ そのまま中強火にかけて、菜箸などでゆっくり転がしながら加熱し、沸騰したら弱火にして8分(水から10分、2分で沸騰させた場合)ゆでる。時間をきちんと計るのがポイント。

❸ すぐに氷水にとって冷やす(温度差で薄皮が浮き、殻と薄皮がむきやすくなります)。

❹ 冷えたら水の中で殻をむく(水の中でむくと、薄皮がつるっときれいにはがれてむきやすいです)。

菜箸やおたまでゆっくりと転がしながらゆでると、黄身が真ん中のきれいなゆで卵になります。

☞加熱時間を変えれば、好きなかたさのゆで卵に!

・水から8分(沸騰から6分) ➡ とろとろ卵
・水から10分(沸騰から8分) ➡ 半熟卵
・水から12分(沸騰から10分) ➡ 半分半熟卵
・水から15分(沸騰から13分) ➡ かたゆで卵

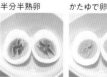

とろとろ卵　　半熟卵　　半分半熟卵　　かたゆで卵

卵の大きさや水の量、鍋の厚み、火力のちがいなどによって微妙に変わるので、加熱時間はあくまで目安です。何度か作って調整し、同じ条件で作るのが失敗しないコツです!

田楽みそで食べる 煮込まない時短おでん

長時間煮込むのが面倒なおでんも、田楽みそがあれば、具材を薄味で軽く煮るだけでOK！甘めのみそだれをつけて食べるおでんも絶品です。

🕐 **30分** 調理時間

保存期間2～3日

材料（3～4人分・作りやすい分量）

結び昆布	‥‥‥‥‥‥‥‥‥‥‥‥‥	6個
大根	‥‥‥‥‥‥‥‥‥‥‥‥‥	8cm
こんにゃく	‥‥‥‥‥‥‥‥‥‥	1枚（230g）
A 酒	‥‥‥‥‥‥‥‥‥‥‥	大さじ2
みりん・薄口しょうゆ	‥‥‥‥	各大さじ1
がんもどき	‥‥‥‥‥‥‥‥‥‥	中2個
ちくわ	‥‥‥‥‥‥‥‥‥‥	3～5本（100g）
青ねぎ	‥‥‥‥‥‥‥‥‥‥‥‥	3本
白ゴマ	‥‥‥‥‥‥‥‥‥‥‥‥	適量
B みそ	‥‥‥‥‥‥‥‥‥‥‥	大さじ6
ハチミツ	‥‥‥‥‥‥‥‥‥‥	大さじ4
酒・みりん	‥‥‥‥‥‥‥‥	各大さじ2

作り方

❶ 鍋に結び昆布と水800mlを入れる。大根は皮つきのまま2cmの輪切りにし、両断面に浅く十字に切り込みを入れ、こんにゃくは浅く格子状に切り込みを入れ、8つに切り、鍋に入れる。

❷ ❶の鍋にAを入れて火にかけ、沸騰したらふたをして弱火で20分煮る。

❸ がんもどきとちくわを食べやすい大きさに切り、青ねぎを小口切りにする。

❹ 小鍋にBを入れ、ヘラなどでかきまぜながら弱火で煮詰め、とろっとした田楽みそになったら火を止め、器に盛る。

❺ ❷に❸のがんもどきとちくわを入れて10分ほど煮て、大根がやわらかくなったら鍋ごと食卓に置き、❹の田楽みそ、❸の青ねぎ、白ゴマをかけて食べる。

👉POINT

田楽とは、豆腐、里芋、こんにゃく、生麩などに串を刺し、みそだれをつけて焼いた料理です。そのみそだれが田楽みそ。残った田楽みそで豆腐田楽やナス田楽を作ったり、団子や餅、おにぎりにつけて焼いたり、肉や魚、きゅうりなどの野菜につけて食べてもおいしい。

田楽みその甘さはハチミツの量を加減して、好みの甘さにしましょう！

大根は15分ほど煮て、一度冷ますと、味がしみ込んでやわらかくなります。時間があるときは途中で火を止めて、冷ましてまた煮るのがおすすめ！

餃子の皮は焼くとパリパリになるから、1人用の小さなピザにぴったり。好きな具とチーズをのせて焼くだけで、おしゃれなフィンガーフードになります。

15分
調理時間

材料（3〜4人分・24枚分）

ピーマン	1〜2個
赤ピーマン	1〜2個
ベーコン	60g
コーン缶	1缶（120g）
餃子の皮	1袋（24枚）
チーズ（ピザ用）	120g
黒こしょう	適量
A トマトペースト・みそ	各大さじ1
バジル・オレガノ（ドライ・あれば）	適宜

👉POINT

トマトソースを作るのが面倒なときは、ケチャップでもOK。ケチャップにバジルやオレガノなどのハーブをまぜると、トマトソースっぽくなります。ただし、ケチャップはかなり甘いので、甘いピザが苦手な人にはおすすめしません。
ピザのトッピングは好きなものでOK。ソーセージ、ゆで卵、桜エビ、玉ねぎ、じゃが芋、オリーブ、アンチョビ、マヨネーズなどをのせてもおいしい！

作り方

❶ ピーマンと赤ピーマンはヘタと種を取って厚めの輪切り、ベーコンは細切りにする。

❷ Aをまぜ、コーン缶の汁を大さじ2くらいまぜてのばし、適度なかたさのトマトソースを作る。

❸ 天板にクッキングシートを敷いて餃子の皮を並べ、❷をぬり、チーズをかけ、❶とコーンを彩りよくトッピングして黒こしょうをかける。

❹ オーブントースター（またはグリル）で10〜15分、チーズが溶けて、餃子の皮がパリパリになるまで焼き（こんがりキツネ色になるまでしっかり焼くのがポイント）、器に盛る。

一口サイズだから、仕事の合間やおつまみに最適！

具がのってないところがパリパリになるので、ふちいっぱいまで具を広げないようにしましょう。

餃子の皮で作る
簡単おつまみピザ

手作りサルサソースで
本格メキシカン・タコス

スパイシーな手作りサルサソースと牛肉やチーズをトルティーヤで巻いて食べるタコスは、我が家の大人気レシピ。野菜もたくさん食べられ、ボリューム満点で大満足!トルティーヤを手作りすると、さらに本格的でおいしくなります。

30分
調理時間

材料(2人分・4個)

玉ねぎ	小1個
ピーマン	小2個
A トマトペースト	大さじ2
みそ・チリパウダー	各大さじ1
リーフレタス	4枚
ミニトマト	4~6個
牛肉(もも・薄切り)	200g
B 酒	大さじ1
しょうゆ	大さじ2
スライスチーズ	4枚
トルティーヤ(市販)	4枚
こしょう	適量
タバスコ	適宜

具材を準備する

❶ リーフレタスを洗ってスピナーなどでしっかり水気を切り、ミニトマトはヘタを取って縦4つに切る。

❷ フライパンに牛肉と**B**を入れ、強火で炒めてこしょうで味をととのえ、スライスチーズ、❶、トルティーヤと一緒に器に盛る。

サルサソースを作る

❶ 玉ねぎをみじん切りにして、耐熱ボウルに入れ、ラップをして電子レンジ(700W)で1~2分加熱する。

❷ ピーマンはヘタと種も一緒にみじん切りにして❶に入れ、**A**と一緒によくまぜる。野菜から水分が出るので、食べる前にもう一度まぜる。

POINT

玉ねぎは電子レンジで加熱して辛みを抜きます。食感が残る程度に軽く加熱するのがポイント。サルサソースが残ったら、ごはんにのせてタコライスに!

食べ方

トルティーヤにリーフレタス、サルサソース、スライスチーズ、牛肉、ミニトマトの順にのせ、好みでタバスコをかけて、巻いて食べる。

手作りトルティーヤの作り方

材料(4枚分)

コーンフラワー(細挽き)	80g

作り方

❶ ボウルにコーンフラワーを入れて水大さじ4~10を入れてまぜ、ラップをして30分休ませる(写真**a**)。

❷ 4等分して、1枚分をフライパンに薄く広げ(油不要)、ふたをして強火で1~2分焼き、裏返して、ふたをしてさらに1分焼く(写真**b**)。皿に取り出し、ぬれ布巾をかける(乾燥すると割れてしまうため)。生地が乾燥して割れてしまったら、トルティーヤチップスにして、サルサソースをつけて食べましょう。

❸ 2枚目からはクッキングシートに広げて形をととのえ(写真**c**)、裏返してフライパンに生地を押しつけ、ふたをして1~2分焼く。ふたをあけてクッキングシートをはがし、裏返して同様に裏面も1分焼く。

❹ コーンフラワーがなければ、薄力粉でもOK。水を少なめにして、打ち粉をすると作りやすい(写真**d**)。白っぽいねばりのある生地になりますが、それもおいしいです。

左がコーンフラワーのトルティーヤ、右が薄力粉のトルティーヤ。粉をまぜて作ってもおいしい!

水の量はコーンフラワーがしっとりまとまるくらいに調整。こねる必要はなく、まぜればOKです。

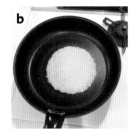
油をひかずに、1枚分を薄く、丸く広げてから、ふたをして強火で焼きます。

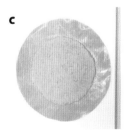
フライパンが熱くなっているので、2枚目からはクッキングシートで成形して、フライパンに押しつけます。

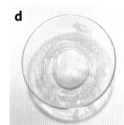
薄力粉で作ると、もちっと弾力のある生地になり、手にくっつくので打ち粉をしながら成形します。

玉ねぎとしいたけとオイスターソースのうま味がたっぷり！うちに来たお客さんが必ず「また食べたい」と言ってくれる自慢のシューマイです。

45分 調理時間

保存期間2〜3日

材料（3〜4人分・24個・作りやすい分量）

干ししいたけ（スライス） ………………………10g
玉ねぎ……………………………………… 大1個
生姜………………………………………… 2片
豚ひき肉 ……………………………… 250〜300g
シューマイの皮 …………………… 1袋（24枚）
サラダ菜 …………………………………… 3〜4枚
片栗粉…………………………………… 大さじ7
からし ……………………………………… 適宜

A	みそ・酒 …………………… 各大さじ2
	しょうゆ・オイスターソース ……… 各大さじ1
	ハチミツ ………… 大さじ1〜2（好みで調整）

作り方

❶ フライパンに干ししいたけと水100mlを入れ、戻している間に玉ねぎをみじん切りにする。干ししたけを軽くしぼってみじん切りにし、玉ねぎと一緒にフライパンに入れる（戻し汁ごと使う）。

❷ ❶に**A**を入れて玉ねぎがクタクタになるまで弱火で30分じっくり炒め、火を止めて冷ます。

❸ 生姜を皮つきのまますりおろし、豚ひき肉、片栗粉と一緒に❷に入れ、ねばりが出るまでしっかりとまぜ、シューマイの皮で包み、形をととのえる。

❹ せいろにクッキングシートを敷いて❸を並べ、沸騰した鍋の上に置いて12〜15分蒸す（せいろがなければ、蒸し器やフライパンに皿を置き、水を入れて蒸してもOK）。

❺ サラダ菜を敷いた皿に盛り、からしを添える。しっかり味がついているので、しょうゆは不要。

玉ねぎがクタクタになり、水分がなくなるまでしっかり炒めましょう。

フライパンの中でまぜると洗い物が1つ減ります。

蒸すと横に広がるので縦長に形をととのえ、間隔をあけて並べましょう。

POINT

チーズや桜エビをのせて蒸してもおいしい！残ったらラップに包んで冷凍しておくと、1〜2ヵ月はおいしく食べられます。

冷めてもおいしいので、お弁当にもぴったりです！

玉ねぎたっぷり 絶品シューマイ

豚足と大根の台湾風煮込み

箸でスッと切れるほどやわらかいぷるぷるの豚足と味のしみた大根がおいしい
台湾風の豚足煮込み。コラーゲンたっぷりの煮汁ごと丼にしても絶品です!

30分 調理時間

保存期間3~4日

材料(3~4人分・作りやすい分量)

大根	1/2本
長ねぎ	1本
生姜	2片
ニンニク	2片
豚足(ボイル)	2本分(680g)
チンゲン菜	1袋
卵	2個

A
しょうゆ・酒	各大さじ5
みりん・酢・ハチミツ	各大さじ3
八角	1~2個(好みで調整)
一味唐辛子	少々(好みで調整)

作り方

❶ 大根は皮つきのまま1cmのいちょう切り、長ねぎは緑の部分も一緒にななめ切り、生姜は皮つきのまません切り、ニンニクは薄切りにする。

❷ 鍋に❶、豚足、A、水700mlを入れて火にかけ、沸騰したら芯ごと縦4つに切ったチンゲン菜を入れて1分煮たら取り出す。残りの具材はふたをして弱火で90分煮込む。

❸ 卵を水から10分ゆでて冷水で冷やし、殻をむいて横半分に切る(37ページ参照)。

❹ ❷のふたをあけ、中火で水分を飛ばしながら煮詰め(30分くらい)、煮汁が少なくなったら火を止め、器に盛り、❷のチンゲン菜と❸の半熟卵を添える。

👉POINT

豚足はボイルずみを使えば、下処理不要で簡単です!八角は口に入ると苦いので、盛りつけのときに取り除きます。八角がなければ五香粉でもOko チンゲン菜はさっと煮て取り出すのが彩りよく仕上げるポイント。圧力鍋を使うと加圧30分でトロトロに。

鍋に大根を敷き詰めた上に豚足をのせて、隙間に長ねぎや生姜を入れます。

煮汁が少し残るくらいにしっかりと煮詰めると、こってりおいしい味になります。

手作りスイートチリソースと
エビの生春巻き

簡単でおいしい手作りスイートチリソースで食べるベトナム風生春巻き。市販の生春巻きの皮でプリプリのエビと野菜をたっぷり巻いて食べましょう。ボリューミーでビタミンや食物繊維も摂れるヘルシーな一皿です。

30分
調理時間

材料（2人分・8本分）

ニンニク	……………………	1片
A	ナンプラー ……………………	大さじ2
	ハチミツ ……………………	大さじ3
	りんご酢 ……………………	大さじ1
	豆板醤 …………	小さじ1/4（好みで調整）
レモン汁	……………………	大さじ1〜2
エビ（殻つき・生）	……………	12尾
リーフレタス	……………………	1個
アルファルファ	……………………	1パック
生春巻きの皮	……………………	8枚
B	酒 ……………………	大さじ4
	塩 ……………………	小さじ1/4

具材を準備する

❶ フライパンに**B**を入れて中火にかけ、沸騰したらエビを入れ、色が変わるまで炒めて取り出し、冷めたら殻をむき、縦半分に切って背わたを取る。

❷ リーフレタスとアルファルファを洗って、スピナーなどでしっかり水気を切る。

スイートチリソースを作る

❶ ニンニクをすりおろし、**A**と一緒に耐熱ボウルに入れて、ラップをして電子レンジ（700W）で30秒加熱する。

❷ あら熱が取れたらレモン汁を入れて味をととのえる。

👉POINT

電子レンジでひと煮立ちさせるとニンニクとりんご酢がマイルドになります。

エビは殻つきがおすすめだけどむきエビでもOK!

エビは殻つきのまま酒と塩で炒めるようにゆでるとうま味が凝縮します。

👉 生春巻きを上手に巻く方法

❶ フライパンに1〜2cmくらい水をはり、生春巻きの皮をさっとくぐらせて、ぬれたキッチンペーパーの上に置く（写真**a**）。

❷ 手前にリーフレタス1枚とアルファルファを置き、奥にエビを裏向きに3つ並べる（写真**b**）。

❸ 手前からきつめに巻き、エビの手前で両端を折り込み、最後まで巻く（写真**c**）。残り7枚も同様に巻き、残ったリーフレタスを敷いた皿の上に盛る。

a

生春巻きの皮は、水にさっとくぐらせるだけでOK。巻いている間に戻ります。

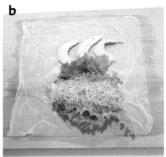

b

リーフレタスのかたい芯が外側にあると生春巻きの皮がやぶれるので、内側に入れましょう。

c

手前からきつく、しっかりと巻き、ここで両端を内側に折り込みます。

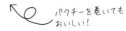

パクチーを巻いてもおいしい!

POINT

生春巻きは時間を置くと皮がやぶれやすくなるので、作ったらすぐに食べましょう。生春巻きの皮が皿にくっついてやぶれることがあるので、残ったレタスを敷いて、その上に置くのがおすすめ。ぬれたキッチンペーパーをかけておくと、乾燥を防ぐことができます。

牛肉と人参と
ほうれん草のキンパ

甘辛く味つけした牛肉とゴマ油の香りが食欲をそそる韓国風のり巻きキンパ。ボリューミーで食べごたえがあり、野菜もたっぷり摂れるキンパは、大人にも子供にも大人気。ホームパーティーやお弁当にもおすすめのおもてなしごはんです。

調理時間 30分

材料（2〜3人分・2本分）

白ゴマ	……	大さじ1
A ┌ ゴマ油	……	大さじ1
└ 塩	……	小さじ1/4
ごはん	……	茶わん2杯分
ほうれん草	……	1袋
しょうゆ	……	大さじ1/2
人参	……	1/2本
B ┌ ゴマ油	……	大さじ1/2
├ 酢	……	大さじ1
└ 塩	……	少々
牛肉（薄切り）	……	200g
ニンニク	……	1片
C ┌ しょうゆ・酒・甘酒（濃縮タイプ）・		
└ コチュジャン	……	各大さじ1
焼きのり（全形）	……	2枚

具材を準備する

❶ Aと白ゴマをよくまぜて、アツアツのごはんにまわし入れ、切るようにまぜて冷ます。

❷ ほうれん草の根元に十字に切り込みを入れ、フライパンでさっとゆでてしぼり、キッチンペーパーでしっかり水気を切り、しょうゆをまぶす。

❸ 人参を皮つきのまません切りにしてフライパンに入れ、Bと一緒に汁気がなくなるまで中火で炒めて冷ます。

❹ 同じフライパンに（洗わなくてOK）牛肉とすりおろしたニンニク、Cを入れて、汁気がなくなるまで強火で炒めて冷ます。

キッチンペーパーは水分や汚れを取るのに便利です！

ほうれん草の水気をしっかり取らないと、ごはんやのりがベチャベチャに。

POINT

フライパン1つでOK。ほうれん草をゆでた後にさっと洗い、その後は洗わずそのまま使って洗い物を減らします。

🖒 キンパの巻き方ときれいに切るコツ

巻きすに焼きのり1枚を置き（つやのある面が下で、横長に置く）に❶のごはんを半量のせ、巻き終わり側1〜2cmを残して均一に広げる（写真a）。手前に❷、❸、❹を半量ずつ置き、具をおさえながら一気に巻き、巻き終わりを下にして10分ほど置いてなじませる（写真b）。もう1本も同様に巻く。

巻き終わったキンパをまな板に置いて8等分に切る。1回切るごとにぬらしたキッチンペーパーで包丁を拭くときれいに切れる（写真c）。器に盛り、白ゴマ（分量外）を散らす。

a

ごはんをまんべんなく均一に広げるのが、きれいな形にするポイント！

b

具は手前に、均一に並べて、崩れないように一気に巻くと、断面がきれいです。

c

包丁にごはんがくっつき、切れなくなるので、拭きながら切ります。

POINT

韓国のりを使うと食べるときにゴマ油で手がベトベトになるので、日本の焼きのりを使う方が食べやすくておすすめ！

参鶏湯風 鶏とごぼうのスープ

サムゲタン

韓国料理の参鶏湯のような、鶏のうまみたっぷりの薬膳スープ。下処理が面倒な丸鶏は使わず、鶏の手羽元で簡単に、リーズナブルに作ります!

30分 調理時間

保存期間2〜3日

材料(2〜3人分)

ごぼう	1袋(1〜2本)
長ねぎ	1本
ニンニク	2片
生姜	2片
玄米(なければ白米)	1/2カップ(100ml)
鶏の手羽元	10本
なつめ(乾燥)	4個(20g)
甘栗	60g
クコの実	8g
松の実	15g
黒こしょう	適量
A 酒	大さじ5
薄口しょうゆ	大さじ2

作り方

❶ ごぼうは泥をよく洗って1cmのななめ切り(皮むき、水さらし不要)、長ねぎは白い部分をななめ切り、緑の部分を小口切りにする。ニンニクは薄切り、生姜は皮つきのまません切り、玄米は軽く洗って水気を切る。

❷ 鍋に❶のごぼう、長ねぎの白い部分、ニンニク、生姜、玄米を入れ、鶏の手羽元、なつめ、甘栗、A、水1200mlを入れて火にかけ、沸騰したらふたをして弱火で60分煮込む。

❸ 鶏の手羽元が骨からほろっと取れるくらいやわらかくなったら味をみて(薄かったら薄口しょうゆを足す)、クコの実、松の実、❶の長ねぎの緑の部分を入れて器に盛り、黒こしょうをかける。

鶏の手羽元をじっくり煮込むと、骨からだしが出て、うま味たっぷりのスープになります。

簡単でリーズナブルなのに本格的なスープができます!

👉 **POINT**

薬膳効果があると言われるごぼう、ニンニク、生姜、玄米、なつめ、甘栗、クコの実、松の実入りの体に優しいスープ。
長ねぎの緑の部分は最後に加えて彩りよく仕上げましょう!

体が強くなる!
免疫力アップレシピ

免疫力アップは食事から! コロナや風邪に負けない体を作るためには、まず免疫力を高めることが大切です。感染予防対策とともに、体が強くなるごはんを食べましょう。
ここでは、免疫力を高める働きのあるβ-グルカンとその働きをサポートする乳酸菌・食物繊維・オリゴ糖、海藻類に多く含まれるフコイダンとその働きを高め、体の酸化を防止する抗酸化物質（ビタミンC、E、セレン、カロテノイド類、ポリフェノール類など）、腸をととのえ免疫力を高める発酵食品が効率よく摂れるレシピを紹介します。

鮭のきのこあんかけ

紅鮭とうま味たっぷりのきのこあんがベストマッチ。紅鮭のアスタキサンチンには強力な抗酸化作用があり、きのこのβ-グルカンで免疫力アップが期待できます。

30分 調理時間

材料（2人分）

しいたけ	1パック
えのきだけ	1袋
生姜	1～2片
紅鮭（塩鮭・甘口）	2切れ
青ねぎ	3本
酒	大さじ2
A｜酒・みりん・薄口しょうゆ・片栗粉	各大さじ1

味つけを薄めに作り、食べるときにしょうゆをかけて調整するのがおすすめ！

作り方

❶ しいたけは石づきを切り落として傘と軸を薄切り（軸も捨てずに使う）、えのきだけは石づきを切り落として長さ半分に切り、生姜は皮つきのまますりおろす。

❷ フライパンに❶、A、水300mlを入れ、ヘラなどでまぜながら中火で加熱し、沸騰して1分まぜたら火を止める。

❸ 紅鮭の皮を下にしてフライパンに並べ、酒をふりかけ、ふたをして弱火で10分蒸し焼きにする。

❹ 器に❷、❸を盛りつけ、小口切りにした青ねぎをかける。

POINT

きのこあんは、まいたけ、エリンギ、しめじなどでもOK。残ったら豆腐や蒸し鶏、蒸し野菜にかけてもおいしいです。紅鮭の塩分は商品によってちがうので、薄口しょうゆの量で塩分を調整しましょう。

えのきだけは根元部分がおいしい！写真のようにギリギリで切り、ほぐして石づきがまじっていたら取り除きましょう。

きのこあんは材料をすべてフライパンに入れてから火をつけ、まぜながら加熱すると片栗粉がダマにならず、きれいにとろみがつきます。

沸騰後、1分ほどまぜるとあんかけにツヤが出ておいしくなります。手を止めず、練るようにしっかりとまぜ続けるのがポイント。

摂れる栄養素　β-グルカン　アスタキサンチン　ビタミンC　ビタミンE

β-グルカン豊富なマッシュルームと、抗酸化作用のあるリコピンとビタミンCが摂れるミニトマトにチーズをかけて焼くだけ! 簡単でおいしいからおすすめです。

材料（2人分）

マッシュルーム	1パック
ミニトマト	6個
チーズ（ピザ用）	60g
パセリ（あれば・生でもドライでもOK）	適宜
しょうゆ	大さじ1
こしょう	適量

作り方

❶ マッシュルームの汚れを払い（きのこは洗わない）、ミニトマトは洗ってヘタをとり、耐熱皿に並べる。

❷ しょうゆを全体にふりかけ、チーズ、みじん切りにしたパセリ、こしょうをかけ、魚焼きグリル（またはオーブントースター）で5〜10分、チーズが溶けてこんがり焼き目がつくまで焼き、そのまま食卓へ。

POINT

しいたけやエリンギでもおいしく作れます！

魚焼きグリルは火力が強いので、短時間でジューシーに焼き上がります。電気オーブンやオーブントースターはもう少し時間がかかるので、マッシュルームやミニトマトから水分が出て水っぽくなりますが、それもまたおいしいです。うま味たっぷりの汁ごと残さず食べましょう。

マッシュルームは傘を裏返しにして並べます。

チーズは全体的にまんべんなくのせます。

マッシュルームとミニトマトのチーズ焼き

鶏つくねのしいたけ詰め

しいたけに鶏つくねを詰めて甘辛いたれで照り焼きにしたごはんがすすむ絶品おかず。β-グルカン豊富なしいたけ、ビタミンEやセレン（抗酸化物質）を含む鶏肉と卵、食物繊維とオリゴ糖を含む玉ねぎが摂れる免疫力アップレシピです。

材料（2人分・8個分）

玉ねぎ	小1個
しいたけ	1パック（小8個）
A 酒・みそ	各大さじ1
生姜	1片
卵	1個
薄力粉	大さじ1+適量
鶏ひき肉（もも）	150g
B 酒・みりん	各大さじ2
しょうゆ・酢・ハチミツ	各大さじ1
しそ	8枚
白ゴマ	適量
一味唐辛子	適宜

作り方

❶ 玉ねぎはみじん切り、しいたけは軸と傘に分け、軸は石づきを切り落としてみじん切りにする。

❷ ❶の玉ねぎ、しいたけの軸、**A**、水100mlをフライパンに入れ、水分がなくなるまで弱火でじっくり炒め、火を止めて冷ます。

玉ねぎは弱火でじっくり炒めてカリを小さくするとタネがまとまりやすい。

❸ 生姜を皮つきのまますりおろし、卵を卵白と卵黄に分ける。❶のしいたけの傘を裏返して茶こしで薄力粉（適量）をたっぷりとふりかける。

❹ ❷のフライパンにの鶏ひき肉、薄力粉（大さじ1）、❸の生姜を入れてねばりが出るまでまぜ、❸の卵白を入れてさらにまぜてタネを作り、❸のしいたけの傘の上にこんもりとのせ、フライパンに並べる。つくねが残ったら、丸めて一緒に並べる（つくねだけでもおいしい！）。

❺ ふたをして中弱火で10分蒸し焼きにして、水大さじ3を入れて、ふたをしてさらに5分蒸し焼きにする。その間に**B**を合わせておく。

❻ ふたをあけて**B**を一気に入れ、からめながらたれを煮詰める。

❼ つくねをしそと一緒に器に盛り、残ったたれをかけて白ゴマをのせ、❷の卵黄と一味唐辛子を添える。卵黄につけながら食べるとおいしい！

しいたけに薄力粉をたっぷりまんべんなくふりかけるとつくねが外れにくい。

卵を入れない場合は、もっとかたいタネになり、丸めやすくなります！

👉POINT

玉ねぎを炒めたフライパンの中でタネをまぜると洗い物が1つ減ります。卵黄を添えたら卵白が残るので、タネにまぜて使い切り！タネをまぜると手が汚れるので、準備を全部すませてからまぜましょう。

👉照り焼きのたれのアレンジ法

Bの照り焼きのたれは、ハチミツの代わりに甘酒やアガベシロップを入れてもおいしいです。甘いたれが好きな人は多めに入れましょう。照り焼きチキンやブリの照り焼きなど、いろいろな料理で使えるので覚えておくと便利です。

加熱するとつくねがふくらむので、間隔をあけて並べましょう。

摂れる栄養素 β-グルカン｜ビタミンE｜セレン｜食物繊維｜オリゴ糖

免疫力アップをサポートする発酵食品たっぷりの漬けだれは想像を絶するおいしさ!酵素の力で鶏肉がやわらかく、ジューシーに仕上がります。

調理時間 15分

材料(2〜4人分・作りやすい分量)

生姜	1片
ニンニク	1片
ヨーグルト(無糖)	100g
鶏肉(むね・もも)	各1枚
サラダ菜	1袋
キャベツ	1〜2枚
ミニトマト	6〜8個
レモン	1個
A みそ・甘酒(濃縮タイプ)	各大さじ2
しょうゆ・トマトペースト・カレー粉	各大さじ1

皮目を下にして並べると、皮から脂が出て焦げつきません。

漬けだれの汁気がなくなるまで、しっかりとからめましょう。

作り方

❶ 生姜(皮つきでOK)とニンニクをすりおろし、ヨーグルト、Aと一緒にジッパーつき保存袋に入れ、外からもんでよくまぜる。

❷ 鶏肉をひと口大に切って❶に入れ、まんべんなく漬かるようにまぜ、空気を抜いて密封し、冷蔵庫でひと晩漬ける。

❸ サラダ菜、せん切りにしたキャベツ、ミニトマト、くし形に切ったレモンを器に盛る。

❹ ❷をフライパンに漬けだれごと全部入れ、鶏の皮目を下にして、重ならないように並べ(油不要、コールドスタート)、ふたをして中弱火で10分蒸し焼きにする(火が強すぎると焦げるので見ながら調整)。

❺ ふたをあけて鶏肉を返し、強火でたれをからめながら水分を飛ばし、たれがすべてからんだら火を止め、❸の器に盛る。食べるときにレモンをしぼり、野菜と一緒に食べるとおいしい!

👉POINT

鶏もも肉とむね肉を1枚ずつ使うと、脂っぽすぎず、パサパサしすぎず、ちょうどいいバランスに。

👉タンドリーチキンとは

ヨーグルトとスパイスを合わせたたれに鶏肉を漬け込み、串に刺して、タンドールという壺窯で焼くインド料理。

フライパンで簡単に作れて、日本人でも食べやすい味にアレンジしています。

フライパンで作る
簡単タンドリーチキン

摂れる栄養素 発酵食品(ヨーグルト、みそ、しょうゆ、甘酒)

干し貝柱と
きのこの雑炊

干し貝柱ときのこの濃厚なうま味がたっぷり！おいしすぎて、おかわりしたくなる雑炊です。きのこのβ-グルカンと松の実のビタミンEが免疫力アップに効果的。

15分
調理時間

材料（2〜3人分）

干し貝柱	30〜40g
昆布	10×20cm
玉ねぎ	中1個
しめじ	1パック
まいたけ	1パック
青ねぎ	5本
ごはん	茶わん1杯分
松の実	15g
酒	大さじ2
薄口しょうゆ	大さじ1〜2（味をみて調整）
黒こしょう	適量

作り方

❶ 干し貝柱、昆布、水500mlを鍋に入れ、昆布がやわらかくなったらみじん切りにして鍋に戻し、干し貝柱を鍋の中でほぐす。

❷ 玉ねぎをみじん切りにして、酒と一緒に❶の鍋に入れ、ふたをして弱火で25分煮る。

❸ しめじは石づきを切り落としてほぐし、まいたけは手でほぐす（きのこは洗わない）。青ねぎは小口切りにする。

❹ ❷にごはんと薄口しょうゆを入れてまぜ、❸のしめじとまいたけを入れ、ふたをして5分煮る。味をみて、薄かったら薄口しょうゆを足し、器に盛り、松の実と❸の青ねぎ、黒こしょうをかける。

ホテの干し貝柱は海産物の乾物コーナーや中華食材売り場に置いてあることが多い。

きのこ山盛り！でも加熱すると水分が出てカサが減り、ちょうどいい量になります。

水分が少ないときは水を足し、多いときは煮詰めて、ちょうどい水分量の雑炊に調整。

えのきだけやエリンギなど、好きなきのこでOK！

👆 POINT

松の実の代わりに、ぎんなんやクコの実を入れてもおいしいです。

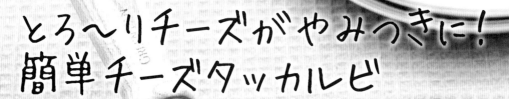

とろ～リチーズがやみつきに！
簡単チーズタッカルビ

人気の韓国料理チーズタッカルビはフライパンで作ると簡単! 鶏肉と野菜を乳酸菌が豊富なキムチで炒め、とろとろのチーズにつけて食べる、こってりボリューミーなメインディッシュ。野菜たっぷりで食物繊維やビタミンも摂れます。

30分
調理時間

材料(2～3人分)

玉ねぎ	中1個
生姜	1片
ニンニク	1片
キャベツ	1/2玉
エリンギ	1パック
ブロッコリー	1株
パプリカ(赤)	1個
鶏肉(むね)	1枚
キムチ	200g
チーズ(ピザ用)	150～200g
A みそ・酒・ハチミツ	各大さじ2
豆板醤	小さじ1/4(好みで調整)

具材を左右に寄せて、真ん中に溝を作り、チーズを入れるスペースを確保。

溝にチーズを入れたら、動かさずにそのまま中火で加熱して、溶かしましょう。

作り方

❶ 玉ねぎはくし形に切り、生姜(皮つきでOK)とニンニクはすりおろし、キャベツは芯ごとざく切り、エリンギはひと口大に切り、ブロッコリーは小房に分け、茎は薄切り、パプリカはヘタと種を取って乱切り、鶏肉はひと口大に切る。

具材を大きめのひと口サイズに切ると、チーズがからんで食べやすい!

❷ フライパンに❶の玉ねぎ、生姜、ニンニク、鶏肉、Aを入れて中火で炒め、鶏肉に火が通ったら❶のキャベツとエリンギを入れてさらに炒める。

❸ キャベツがしんなりしたら、❶のブロッコリーとパプリカ、キムチを入れて2～3分炒める。

❹ 具を左右によせて、真ん中に溝を作り、チーズを入れる。チーズが溶けたら火を止めてフライパンごと食卓に出し、具をチーズにからめながら食べる。

👉POINT

ハチミツの代わりに、発酵食品の甘酒を入れてもおいしい。
乳酸菌は熱で死滅するので、キムチは短時間でさっと炒めましょう。仮に死滅しても、食物繊維のような効果があるので、乳酸菌はムダになりません。

👉チーズタッカルビとは

韓国語で「タッ」は鶏肉、「カルビ」は骨つきあばら肉を意味し、チーズタッカルビは、鶏と野菜をコチュジャンなどで甘辛く炒めて、チーズにからめて食べる韓国料理。特別な鉄板がなくても、フライパンやホットプレートを使えば、家庭でも簡単に楽しめます。

今回は、食物繊維やビタミンたっぷりの野菜を使い、キムチやみそで乳酸菌、ハチミツでオリゴ糖が摂れるようにアレンジしています。

牛肉と卵がおいしい 辛うまユッケジャン

辛味のあるスープで体がポカポカになるユッケジャン。フコイダンが豊富なもずくやビタミン、β-カロテンたっぷりの野菜入りで、免疫力アップに役立ちます。

20分
調理時間

材料(2人分)

牛肉(薄切り)	200g
生姜	1片
ニンニク	1片
長ねぎ	1本
ニラ	1束
キムチ	150g
豆もやし	1袋(200g)
もずく	100g
卵	2個
白ゴマ	適量
コチュジャン	大さじ1〜2(好みで調整)
A｜酒・しょうゆ	各大さじ1

作り方

❶ 牛肉は細切り、生姜(皮つきでOK)とニンニクはすりおろし、長ねぎは緑の部分も一緒にななめ切り、ニラは長さ4cmに切る。卵を溶いておく。

❷ 鍋に❶の牛肉、生姜、ニンニク、A、キムチを入れて強火で炒め、水400ml、豆もやし、❶の長ねぎ、コチュジャンを入れ、沸騰したら弱火にし、ふたをして5〜10分煮る。

❸ もずく、❶のニラを入れて、溶き卵をまわし入れ、ふたをして卵が固まるまで加熱し(3〜5分)、器に盛り、白ゴマをかける。

👉POINT

炒めた牛肉とキムチ、豆もやしからだしが出て、うま味のあるおいしいスープになります。

👉ユッケジャンとは

細切りの牛肉と野菜を唐辛子の辛いスープで食べる韓国料理。コチュジャンは唐辛子の辛味と塩味と甘味を合わせた調味料。

牛肉とニンニクとキムチを炒めて香りを引き出してからスープで煮ると、うま味がアップ。

卵をまわし入れたらまぜずに放置。卵が好みのかたさに固まったら取り分けましょう。

卵を溶かずに割り入れ、落とし卵にしてもおいしい!

疲労回復&
スタミナアップレシピ

仕事や家事をがんばりすぎて疲れたら、疲労回復やスタミナアップ効果のあるごはんを食べてゆっくり休みましょう。疲れには栄養と休養がいちばんです。

ここでは、疲労回復効果のあるクエン酸、アスパラギン酸、タウリン、硫化アリルと、その働きを助け、代謝アップをサポートするビタミンB群やミネラルが摂れる料理を紹介します。

ガスパチョ風冷製トマトスープ

トマトの酸味と柑橘系のさわやかな香りが疲れた体を癒やす冷たいスープ。トマト、レモン、オレンジ、りんご酢には疲労回復効果があるクエン酸がたっぷりです。

10分 調理時間

材料(2人分)

トマト	中2個(300g)
赤ピーマン(パプリカでもOK)	1〜2個(70g)
レモン	1個
ニンニク	1片
オレンジジュース	200ml
りんご酢	大さじ1
塩	適宜
こしょう	適宜
バジル(あれば)	適宜

作り方

❶ トマトと赤ピーマンはヘタを取ってひと口大に切り(種ごとでOK)、レモンは飾り用のいちょう切り2枚を残して果汁をしぼる。

❷ ミキサーにニンニク(切らずにそのままでOK)、オレンジジュース、りんご酢、❶のトマト、赤ピーマン、レモン汁を入れてなめらかになるまで撹拌し、塩とこしょうで味をととのえ、冷蔵庫で冷やす。

❸ 器に盛り、❶の飾り用レモンとバジルをのせる。

冷蔵庫でキンキンに冷やして飲むのが本場・スペイン流です!

👉 ガスパチョとは

スペイン料理の冷たい濃厚なスープ。トマト、ピーマン、玉ねぎ、きゅうりなどの野菜とオリーブオイル、パン、酢などをミキサーにかけ、冷蔵庫でよく冷やして飲みます。ここでは、オリーブオイルやパンを入れず、オレンジジュースで飲みやすくして、低カロリーで栄養たっぷりなスープにアレンジしました。

👉 POINT

ミキサーにかけるので、野菜を切るのは適当な大きさでOk。
ニンニクも切らずにそのまま、トマトと赤ピーマンは種ごと、丸ごとで大丈夫です。
飾り用のバジルとレモンはなくてもOk!

摂れる栄養素 クエン酸 ビタミンB群 カリウム ビタミンC リコピン

トマト、グレープフルーツ、梅干しはクエン酸たっぷり! ノンオイルのイタリアンド
レッシングが、疲労回復のネバネバ食材・山芋によく合います!

15分
調理時間

材料（2〜3人分）

ミニトマト	4〜6個
バジル（生）	1パック
梅干し	大さじ1
ニンニク	1片
グレープフルーツジュース	大さじ3〜4
山芋	200g
こしょう	適量
A｜りんご酢・ハチミツ	各大さじ1

作り方

❶ ミニトマトはヘタを取ってみじん切り（湯むき、種取り不要。汁ごと全部使う）、バジルは飾り用を数枚取り置き、みじん切りにする。梅干しは種を取って包丁でたたいてペースト状にし、ニンニクはすりおろす。

❷ ボウルに❶とAを入れてまぜ、グレープフルーツジュースとこしょうで味をととのえ、イタリアンドレッシングを作る。

❸ 山芋のひげを手でむしり、皮ごと輪切りにして器に盛る。

❹ 食べる直前に❷を❸にかけ、❶の飾り用バジルをのせる。

残ったら冷や奴や
モッツァレラチーズに
かけてもおいしい!

👉POINT

ミニトマトの方が普通のトマトよりも色が濃く、栄養も濃縮されているのでおすすめ! ドレッシングをかけると山芋から水分が出るので、かけたら早めに食べましょう。 ドレッシングは冷蔵庫で2〜3日保存可能です。

👉梅干しの種の活用法

種のまわりにも実が残るので、そのまま捨てるのはもったいない! 緑茶や炭酸水、焼酎などの飲み物に入れるとほんのり梅の風味がついて楽しめます。浅漬けやあえもの、イワシなどの青魚を煮るときにも使えるので、活用しましょう。

トマトとバジルと山芋の
イタリアンサラダ

疲労回復効果のあるオクラ、カルシウムなどのミネラル豊富なしらす、クエン酸たっぷりの梅干しののり巻き。甘酒も疲労回復に役立つと言われています。

調理時間 20分

材料（2人分・2本分）

ごはん	茶わん2杯分
オクラ	8本
梅干し	大さじ1〜2
焼きのり（全形）	2枚
しらす	大さじ4
白ゴマ	大さじ2
A｜酢・甘酒（濃縮タイプ）	各大さじ2

作り方

❶ アツアツのごはんに**A**をまわし入れ、切るようにまぜて冷ます。

❷ オクラはガクを切り落とし（塩もみ、下ゆで不要）、梅干しは種を取って果肉を手でちぎる。

❸ 巻きすに焼きのり1枚を置き（つやのある面が下で、横長に置く）、❶のごはんを半量のせ、巻き終わり側1〜2cm残して均一に広げる。真ん中に❷の梅干しを半量置き（写真a）、その上に白ゴマ、しらすを半量ずつ置き（写真b）、手前にオクラ4本をバランスよく置く（写真c）。オクラをおさえながら一気に巻き、巻き終わりを下にして10分ほど置いてなじませる。もう1本も同様に巻く。

❹ まな板に置いて8等分に切り、器に盛る。

梅は真ん中に1本の線を引くように置く。

白ゴマとしらすも均等に置く。

オクラは向きを交互に、手前に置くときれいに巻ける。

👉**POINT**

梅としらすで味がしっかりついているので、しょうゆは不要です。
オクラは生のままでOk。下ゆですると逆にぬるぬるして巻きづらい。

のり巻きは、1回切るごとにぬらしたキッチンペーパーで包丁を拭くときれいに切れる！

オクラとしらすの梅のり巻き

摂れる栄養素　クエン酸　カルシウム　マグネシウム　鉄　亜鉛

里芋の梅ソース

クエン酸たっぷりの梅干しとりんご酢、江戸時代の疲労回復ドリンク甘酒で作る
簡単でおいしい梅ソース。ネバネバ食材の里芋も疲労回復のポイントです。

15分
調理時間

材料(2人分)

里芋	1袋
梅干し	大さじ1
しそ	4〜5枚
甘酒(濃縮タイプ)	大さじ3
りんご酢	大さじ1

里芋は皮ごとゆでてから
むくと、手がかゆくならな
い。つるっと皮だけきれい
にむけるから、ムダがな
く、手間もなく、おすすめ
です。

作り方

❶ 里芋は泥をよく洗って、皮つきのまま水から30
分ゆで、熱いうちにフォークなどで押さえて皮を
むき、食べやすい大きさに切る。

❷ 梅干しの種を取って包丁でたたき、ペースト状に
する。しそはせん切りにする。

❸ ボウルに❷の梅干しと甘酒、りんご酢を入れて
まぜる。

❹ ❶の里芋を器に盛り、❸の梅ソースをかけ、❷
のしそをのせる。

里芋はじっくり30分ゆでると
おいしくなり、皮がつるっと
一気に気持ちよくむける!

ゆでたての里芋は熱くてぬるぬるしているので、
フォークを刺して固定するとむきやすい。むけない
ところは冷めてから包丁でむきましょう。

👉 **POINT**

梅ソースは冷蔵庫で2〜3日
保存可能です。86ページの
蒸し鶏や豆腐、山芋にかけ
ても、サラダのドレッシング
やあえ衣にしてもおいしい!

摂れる栄養素　クエン酸　甘酒(ビタミン・ミネラル・アミノ酸)　酵素

ノンオイルで簡単ヘルシー 揚げない酢豚

カリカリの豚肉と甘酢あんがこってりおいしい酢豚は、野菜たっぷりでクエン酸や
ビタミンB群も摂れる疲労回復スタミナごはん。油不要で後片づけがラクです。

40分 調理時間

材料（2〜3人分）

豚肉（バラ・厚切り） ……… 200g	
A 酒・しょうゆ ……… 各大さじ1	
玉ねぎ ……… 中1個	
しいたけ ……… 1パック	
アスパラガス ……… 1束	
パプリカ（赤・黄） 各1個	
生姜 ……… 1片	
ニンニク ……… 1片	
片栗粉 ……… 適量（大さじ4〜6）	

B	りんごジュース ……… 250ml
	りんご酢 ……… 50ml
	しょうゆ ……… 大さじ3
	ハチミツ ……… 大さじ2
	トマトペースト・片栗粉 …各大さじ1
	豆板醤 … 小さじ1/4〜1/2（好みで調整）

豚肉をカリカリに焼いた
あとは手早く！衣がブ
ヨブヨになってしまうと、
食感が悪くなります！

豚肉の下味、粉つけは
フライパンの中で！粉を
しっかりつけて、重なら
ないように広げるのがカ
リカリにするポイント。

中弱火でじっくり焼く
と、豚肉から脂が出て、
ノンオイルでも揚げそう
なほどカリカリに（焦げそ
うなときは弱火にする）。

豚肉から出た脂が玉ね
ぎとしいたけにからみ、
素揚げしたようにおいし
くなります。余分な脂
を拭く手間もなし！

作り方

❶ 豚肉をひと口大に切ってフライパンに入れ、**A**を
もみ込み、片栗粉を全面にしっかりつけて広げる
（フライパンの中でやれば洗い物が1つ減り、片
栗粉を節約できて一石二鳥）。

❷ ❶を中弱火で10分ほど焼き、豚肉から脂が出
て、表面がこんがりしたら返し、裏面も同様に
焼く。全体が揚げたようにカリカリになるまで、
じっくり焼くのがポイント。

❸ 玉ねぎはくし形に切り、しいたけは石づきを取っ
て軸ごと縦半分に切り、アスパラガスは根元の
かたいところを手でポキッと折ってななめ切り、
パプリカはヘタと種を取って乱切りにする。

❹ 生姜（皮つきでOK）とニンニクをすりおろして、
Bと合わせておく。

❺ ❷がカリカリに焼けたら（豚肉の脂がたっぷり出
ている）、❸の玉ねぎとしいたけを入れて、玉ね
ぎがしんなりするまで炒める。弱火にして❸のア
スパラガス、パプリカ、❹を入れ（片栗粉が沈
殿しているから入れる前にもう一度まぜる）、全
体をかきまぜながら強火にしてとろみをつけ、沸
騰後1分ほど加熱したら火を止め、器に盛る。

摂れる栄養素 クエン酸 硫化アリル アスパラギン酸 ビタミンB群

こってり甘辛い生姜じょうゆの豚肉でごはんがすすむ生姜焼き。豚肉のビタミンB1と玉ねぎ、ニンニクの硫化アリルが疲労回復とスタミナアップに効果的です。

15分
調理時間

材料（2人分）

豚肉（肩ロース・生姜焼き用）	200g
生姜	2片
ニンニク	1片
玉ねぎ	中1個
まいたけ	1パック
キャベツ	1/4玉
かいわれ大根	1パック
ミニトマト	6個
片栗粉	大さじ1

A	しょうゆ	大さじ3〜4
	酒・みりん	各大さじ3
	酢	大さじ2
	ハチミツ	大さじ1（好みで調整）

作り方

❶ 豚肉をフライパンに並べて、生姜（皮つきでOK）とニンニクをすりおろしてのせ、Aを入れる（野菜を切っている間だけ、フライパンの中でたれに漬ける）。

❷ 玉ねぎを薄切りにして❶の上にのせて広げ、まいたけは手でほぐす。片栗粉は同量の水で溶く。

❸ キャベツはせん切り、かいわれ大根は根を切り落としてキッチンペーパーに包んで水気を切り、ミニトマトはヘタを取り、器に盛る。

❹ ❶を強火で焼き、豚肉の色が変わったら返して裏面も焼き、❷のまいたけを入れて30秒ほど炒め、火を弱めて❷の水溶き片栗粉を煮汁のあるところに入れ、まぜながら強火にしてとろみをつけ、沸騰後1分ほど加熱したら火を止め、❸の器に盛る。

豚肉が重ならないように広げ、生姜やたれをまんべんなくかけて、下味をつけましょう。

多少の汁っぽさが残る程度までいたけを投入。片栗粉でとろみをつけるとたれが豚肉にからみます。

豚肉とたれを先にフライパンに入れ、野菜を切って準備している間だけ漬け込むから時短に！

👉POINT

水溶き片栗粉を入れるときは弱火にして、まぜながら火を強くするとダマにならず、きれいにとろみがつきます。

すぐできる！漬け込まない 豚肉の生姜焼き

スタミナドリンクの有効成分アスパラギン酸はアスパラガスから発見されたアミノ酸の一種。豚肉、チーズ、パプリカにも含まれ、疲労回復をサポートします。

20分
調理時間

材料（2人分・8個分）

ニンニク ……………………………………………… 1片
アスパラガス ………………………………………… 4本
パプリカ（赤） ……………………………………… 1/2個
チーズ（溶けないタイプ） …………………………… 60g
豚肉（しゃぶしゃぶ用） ……… 8枚（200〜250g）
A｜酒・しょうゆ・みりん
　｜メープルシロップ（ハチミツでもOK）… 各大さじ1

チーズが溶けてドロドロにならないように、パプリカの両端までしっかりと豚肉で包みます！

👉POINT

たれに合わせた大さじ3の水がポイント！煮詰まる時間を延ばし、アスパラガスを蒸し焼きにするから下ゆで不要。

👉アスパラガスの下処理

アスパラガスの根元の繊維質でかたい部分は、皮だけむいても口の中に繊維が残ってしまいます。手でポキッと折り（折れる場所はいろいろ）、折れたところから下は捨てて、好きな長さに切って使いましょう。

作り方

❶ ニンニクはすりおろし、**A**、水大さじ3と一緒にボウルに入れ、たれを合わせておく。

❷ アスパラガスは根元のかたいところを手でポキッと折って、長さ半分に切り（下ゆで不要）、パプリカはヘタと種を取って縦に8つに切る。チーズは8等分のひょうし木切りにする。

❸ 豚肉を広げて、手前に❷のアスパラガス と パプリカ を1つずつ置き、パプリカのくぼみにチーズを置き、豚肉を手前からきつく巻いて、巻き終わりを下にしてフライパンに並べる。残りの7個も同様に巻いて隣とくっつかないように並べる。

豚肉が小さいときは端を重ねて2枚使い、パプリカが全部隠れるように巻きましょう。

❹ 中火で加熱し、巻き終わりが焼けてくっついたら、転がしながら全面を焼き、豚肉に火が通ったら❶を一気に入れ、強火でからめながら汁気がなくなるまで煮詰め、器に盛る。

アスパラガスが残ったら肉巻きの間に入れて一緒に焼くと、肉が隣とくっつかない！

アスパラとチーズとパプリカの豚肉巻き

摂れる栄養素　アスパラギン酸｜硫化アリル｜ビタミンB群｜カルシウム｜マグネシウム

豚ひき肉とレンコンのピリ辛炒め

ピリ辛の肉みそとレンコンのシャキシャキがおいしい、すぐできる簡単おつまみ。
硫化アリル豊富な青ねぎを生でたっぷりかけるのが疲労回復ポイントです!

15分 調理時間

材料(2人分)

青ねぎ		3~4本
生姜		1片
豚ひき肉		150g
レンコン		400g
A	みそ・酒・みりん	各大さじ2
	酢	大さじ1
	豆板醤	小さじ1/2(好みで調整)

作り方

❶ 青ねぎは小口切りにし、生姜は皮つきのままみじん切りにする。

❷ フライパンに豚ひき肉、A、❶の生姜を入れ、最後にレンコンを皮つきのまま輪切りにする(酢水にさらす必要なし)。

❸ ❷のフライパンを中火にかけ、豚ひき肉をほぐしながら炒める。豚ひき肉の色が変わったら❷のレンコンを入れてさっと炒め(レンコンが透き通ったらOK。炒めすぎない)、器に盛り、❶の青ねぎをたっぷりかける。

硫化アリルは熱に弱いので、生で食べられる青ねぎはおすすめ!

POINT

青ねぎを最初に切るのは、10分ほど空気にさらすと、硫化アリルの一種アリシンが増えて疲労回復効果がアップするから。豚肉のビタミンB1と一緒に摂るのもポイントです。
レンコンを最後に切るのは、変色(酸化)を防ぐため。酢水にさらすと変色をおさえられますが、水溶性の栄養素が流れ出てもったいないので、水にさらさず、最後に切ってすぐに加熱しましょう。

肉みその材料をフライパンに入れ、すべて準備してからレンコンを切って、短時間で一気に炒めます。

レンコンは切ってすぐ炒めれば変色しないので酢水にさらす必要なし。栄養素の流出も抑えられます。

摂れる栄養素 硫化アリル ビタミンB1 クエン酸 アスパラギン酸

特製みそだれの水餃子と
ゆで汁で中華スープ

濃厚なピリ辛みそだれで食べる、豚肉とキャベツとニラの水餃子。鶏ガラスープでゆでて、残ったゆで汁で中華スープがもう1品できるのもうれしい! ねぎとニラの硫化アリルや豚肉のビタミンB1、クエン酸も摂れる疲労回復レシピです。

材料(2～3人分)

長ねぎ	1本
キャベツ	1/4玉
ニラ	1束
生姜	1片
ニンニク	1片
豚ひき肉	150g
A 酒・薄口しょうゆ	各大さじ2
餃子の皮	1袋(24枚)
チンゲン菜	1袋
生きくらげ	1パック
鶏ガラスープ	大さじ2
こしょう	適量
B みそ	大さじ3
酢	大さじ2
白ねりゴマ・しょうゆ・甘酒(濃縮タイプ)	各大さじ1
豆板醤	小さじ1/4(好みで調整)

水餃子は、この状態で冷凍保存できます。食べきれないときは、くっつかないように並べて冷凍し、使うときは凍ったままゆでればOK!

(1)水餃子を作る

❶ 長ねぎは白い部分3cmを取り置き(みそだれに使う)、残りは緑の部分を一緒に小口切りにする。キャベツはみじん切り、ニラは小口切り、生姜(皮つきでOK)とニンニクはすりおろす。

❷ フライパンに豚ひき肉と**A**、❶の長ねぎの小口切り、キャベツ、生姜、ニンニクを入れて中火で炒め、水分がなくなったら❶のニラを入れてさらに炒め、火を止めて冷ます。

キャベツたっぷり!よく炒めて、カサを小さくすると包みやすいです。

汁気がなくなり、カサが減るまで炒めたら、火を止めて冷まします。

❸ 冷めたら餃子の皮で包み、ふちに水をつけてしっかりととじる(クッキングシートに並べるとくっつかない)

POINT

水餃子はさっとゆでて食べるので、豚ひき肉も一緒に炒めて火を通します。焼き餃子は蒸し焼きにするので、豚肉は生でまぜます。キャベツや長ねぎは塩もみしてしぼるのではなく、炒めてカサを小さくすると、栄養素の流出を最小限にできます。タネをしっかり冷ましてから包まないと、皮がやぶれるので要注意。

(2)特製みそだれを作る

❶ 長ねぎの白い部分3cmをみじん切りにして、**B**と一緒にまぜ、器に盛る。

POINT

みそだれは冷蔵庫で1～2日保存可能。蒸し鶏や野菜のディップソースなど、いろいろ使えて便利です。

(3)水餃子をゆでる

❶ チンゲン菜は芯ごとざく切り、生キクラゲはさっと洗って石づきを取り、ひと口大に切る。

❷ 食べる直前に水餃子をゆでる。大きめの鍋に水1000mlと鶏ガラスープを入れて強火にかけ、沸騰したら水餃子を8個ずつ入れて(一気に入れない!)、再沸騰して水餃子が浮き上がったら取り出す。器に盛り、みそだれをつけて食べる。

水餃子が浮き上がったらOK。あっという間です。ゆですぎると皮がやぶれるので、すぐに取り出しましょう。

POINT

水餃子は食べる直前にゆでるのが鉄則。ゆで終わったらすぐに中華スープが作れるように、スープの野菜は先に切っておきます。

ゆで汁で中華スープを作る

水餃子をすべてゆでたら、残ったゆで汁に水餃子をゆでる前に切っておいた野菜❶を入れ、薄口しょうゆ(分量外)で味をととのえて器に盛り、黒こしょうをかける。水餃子のタネが残っていたら、スープに入れて一緒に食べるとおいしい!

ゆで汁には水餃子のうま味や栄養が溶け出ているので、スープにして残さず飲みましょう!

イカと里芋のわた煮

イカに含まれるタウリンは疲労回復や滋養強壮でスタミナドリンクにも使われる成分。タウリン豊富なわたごと使った煮物は、濃厚でうま味たっぷりです。

⏱ **45分**
調理時間

材料（2人分）

イカ（スルメイカ・生）‥‥‥‥‥‥ 1～2杯（300g）
生姜‥‥‥‥‥‥‥‥‥‥‥‥‥‥‥‥‥‥‥‥‥ 2片
里芋‥‥‥‥‥‥‥‥‥‥‥‥‥‥ 1袋（6～8個）
絹さや‥‥‥‥‥‥‥‥‥‥‥‥‥‥‥ 1パック

A
酒・しょうゆ・みりん ‥‥‥‥ 各大さじ3
酢・甘酒（濃縮タイプ）‥‥‥‥ 各大さじ2
一味唐辛子 ‥‥‥‥‥‥‥ 少々（好みで調整）

切って売られているイカや
冷凍のイカでもOk！

👉POINT

イカと絹さやは短時間でさっと煮るのがポイント！里芋は30分が目安。加熱時間をまちがえなければ、鍋1つで簡単に作れます。

作り方

❶ 下記を参考にしてイカをさばき、わたと**A**、皮つきのままセン切りにした生姜を鍋に入れて中火にかけ、ヘラなどでわたをつぶしてまぜる。

❷ イカの胴と足を入れ、煮汁をからめながら煮て、イカの色が変わったら胴と足を取り出し（煮すぎるとかたくなるのでさっと煮て取り出すのがポイント）、火を止める。

❸ 里芋は皮をむき、絹さやはヘタを取る。❷の鍋に里芋と水300mlを入れて再び中火にかけ、沸騰したら絹さやを入れて1分煮たら取り出し、里芋はそのまま中弱火で煮汁をからめながら30分煮る。

❹ 里芋がやわらかくなったら（竹串が刺さるのが目安）、❷のイカを鍋に戻して1分ほど煮汁をからめながらあたため、器に盛り、❸の絹さやを添える。

👉イカのさばき方

❶ イカの足先にある小さなかたい吸盤を手で取りながら、流水で洗う。

❷ 目の上あたりから胴に指を入れて、わたにくっついている軟骨を引きはがし、足を持ってゆっくりとわたを引き出す。胴の中にある軟骨は引き抜いて捨てる。

❸ イカの胴は皮つきのまま1cmの輪切りにする。足とわたを切り離し、足は縦半分に切って目を取り、長い足2本を半分に切り、短い足は2～3本ずつに切り分ける。胴、足、わたの3つに分ける。

  摂れる栄養素 | タウリン | ビタミンB群 | クエン酸 | 鉄分 | 亜鉛

こってり濃厚なピリ辛みそでごはんがすすむ絶品おかず。豚肉のビタミンB1とニンニク、長ねぎ、ニラの硫化アリルはスタミナアップの最強タッグです。

25分
調理時間

材料（2人分）

生姜	1片
ニンニク	1片
豚肉（バラ・薄切り）	200g
ナス	3本
長ねぎ	1本
ニラ	1束
白ゴマ	適宜
しょうゆ	大1
片栗粉	大さじ3

A
八丁みそ（なければ普通のみそ）	大さじ2
酒・みりん	各大さじ2
甘酒（濃縮タイプ）	大さじ1〜2
豆板醤	小さじ1/2

作り方

❶ 生姜とニンニクをすりおろし、**A**と一緒にボウルに入れてまぜる。

❷ 豚肉をひと口大に切ってフライパンに入れ、しょうゆをもみ込み、片栗粉をまぶして重ならないように広げる（フライパンの中でやれば洗い物が減る）。

❸ ❷を中弱火で10分ほど焼き、豚肉から脂が出て、表面がこんがりしたら返し、裏面も同様に焼く。全体が揚げたようにカリカリになるまで、じっくり焼くのがポイント。

❹ ナスはヘタを取って乱切り、長ねぎは緑の部分も一緒になv切り、ニラは長さ3cmに切る。

❺ ❸がカリカリに焼けたら（豚肉の脂がたっぷり出ている）、❹のナスと長ねぎを入れて炒め、ナスが脂を吸ってやわらかくなったら❶を入れて、からめながら強火で炒め、最後にニラを入れてさっと炒めたら器に盛り、白ゴマをかける。

フライパンの中で下味、粉つけをして広げ、コールドスタートで加熱します。

弱火でじっくり焼くと、豚肉から脂が出て、揚げたように衣がカリカリに!

ナスが透き通り、長ねぎがしんなりしたら、たれを入れて一気にからめます。

POINT

豚肉の脂だけで炒めるからヘルシーです。ナスは水さらし不要。空気に触れると黒くなるので、切ったらすぐに炒めましょう。

豚肉とナスのうま辛みそ炒め

クエン酸が豊富なトマトをたっぷり使ったチキンライス。具だくさんでごはんは1人分わずか茶わん1/4杯！ヘルシーだからダイエット中の人にもおすすめです。

30分
調理時間

材料（4人分・作りやすい分量）

玉ねぎ	中1個
ニンニク	1片
鶏肉（もも）	1枚
ホールトマト缶	1缶（400g）
コーン缶	1缶（190g）
マッシュルーム	1パック
ピーマン	2個
ごはん	茶わん1杯分
こしょう	適量
A みそ・赤ワイン・りんご酢	各大さじ2
一味唐辛子	少々（好みで調整）

作り方

保存期間2～3日

❶ 玉ねぎはみじん切り、ニンニクはすりおろし、鶏肉は小さめ（2～3cm角）に切る。

❷ フライパンに❶とホールトマト缶、コーン缶の汁（コーンは最後に入れる）、**A**を入れて、中火でトマトをつぶしながら15～20分ほど炒める。

❸ マッシュルームは厚めにスライス（洗わない）、ピーマンはヘタと種も一緒にみじん切りにする。

❹ ❷に❸のマッシュルームを入れて5分炒め、❸のピーマンを入れて汁気がなくなるまで炒めたら火を止め、コーン、ごはんを入れてまぜ、こしょうをかけ、器に盛る。

ホールトマトをヘラでつぶしながら炒めます（塊が少し残ってもOK）。

煮汁多めですが、20～30分じっくり煮ると汁気がなくなり、うま味が凝縮。

👉POINT

玉ねぎとホールトマト缶は弱火でじっくり煮るとうま味と甘味が増しておいしくなります。ごはんは4人分で茶わん1杯！野菜たっぷりでヘルシーです。火を止めてからごはんをまぜると油なしでも焦げつきません。

4人分と多めなので、半分をそのまま食べ、残りを翌日、次のオムライスにするのがおすすめ！

トマト缶で作る
簡単チキンライス

摂れる栄養素 クエン酸｜アスパラギン酸｜ビタミンB群｜鉄分｜亜鉛

チキンライスでつやつやオムライス

チキンライスを卵で巻くだけ! 簡単で失敗しないオムライス。大人も子供も大好きな料理です。ブロッコリーやミニトマトを添えるとさらに栄養価アップに。

調理時間 5分

材料(2人分)

ブロッコリー	1/2株
ミニトマト	10個
チキンライス	茶わん3〜4杯分
卵	4個
バター	10g
塩	少々
こしょう	少々
ケチャップ	適量

作り方

❶ ブロッコリーは茎も一緒に小房に分け、耐熱皿に入れ、ラップをして電子レンジ(700W)で2〜3分加熱し、ラップを外して冷ます。ミニトマトはヘタを取り、器に盛る。

❷ 卵2個を溶いて、塩とこしょうを入れる。フライパンにバターを半量(5g)入れて中火で熱し、沸騰したら弱火にして、溶き卵を入れて広げ、卵が固まったらラップの上に広げる(片面焼き)。

❸ チキンライス半量を細長く置き、ラップで包んで形をととのえ、❶の器に盛る。同様にもう1つ作り、ケチャップをかける。

卵を少し冷ましてから包むと、やぶれにくく、手でととのえやすいです!

ラップの上に卵を広げて、チキンライスをのせると、ラップを使ってきれいな形にととのえられます。熱いのでやけどに注意しましょう。

POINT

黄身の色が濃い卵を使うと、きれいな黄色いオムライスに! つやつやに仕上げるコツは、卵をよくまぜること。先端に刃のついた専用まぜ棒を使うと白身が切れてきれいにまざります。卵液をザルでこすとさらになめらかに(面倒なので普段はやりませんが…)
片栗粉小さじ2を牛乳大さじ1〜2で溶いて卵液にまぜると、卵がやぶれにくくなります。

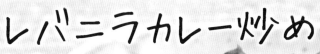

レバニラカレー炒め

スパイシーなカレー風味のレバニラはレバーが苦手な人でも食べられるおいしさ。
高たんぱく、低脂肪、ビタミン・ミネラルたっぷりのレバーはおすすめ食材です。

30分
調理時間

材料(2人分)

生姜	1片
ニンニク	1片
鶏レバー	200g
玉ねぎ	小1個
しめじ	1パック
パプリカ(赤)	1個
ニラ	1束
A 赤ワイン・みそ	各大さじ3
カレー粉	小さじ2(好みで調整)

作り方

❶ 生姜(皮つきでOK)とニンニクをすりおろし、**A**と一緒にボウルに入れ、漬けだれを作る。

❷ 鶏レバーを水でジャブジャブ洗ってキッチンペーパーで水気を切る。ひと口大に切り、血の塊があったら取り除き、❶に入れてまぜ、30分漬ける。

❸ 玉ねぎは薄切り、しめじは石づきを切り落としてほぐし、パプリカはヘタと種を取って横に半分、縦に5mm幅に切り、ニラは長さ3cmに切る。

❹ フライパンに❸の玉ねぎと❷を漬けだれごと入れて中火で炒め、鶏レバーの色が変わったら❸のしめじ、パプリカを入れてさらに1～2分炒め、❸のニラを入れてさっと炒めて器に盛る。

豚レバー、牛レバーでも
おいしく作れます!

👉POINT

レバーは水や牛乳にさらして臭みを抜くと、うま味や栄養も抜けてしまうので、水でじゃぶじゃぶと洗って拭く程度でOk。たれに漬けて臭みを取り、たれごと炒めるのが栄養素をムダにしないポイントです。
レバーは炒めすぎるとかたくなるので、短時間でさっと炒めるのがおいしく仕上げるコツです。

鶏レバーがまんべんなく漬かるように漬け込み、臭みを抜きながら下味をつけます。

栄養が漬けだれに流れ出ているので、漬けだれごと全部入れて炒めましょう。

摂れる栄養素 ビタミンA、B群 鉄分 亜鉛 セレン たんぱく質

便秘解消!
腸活レシピ

テレワークが続くと、運動不足や野菜不足が原因で、便秘になりがちです。腸の働きが鈍ると免疫力が下がり、肌の調子も、体調もいまいちで、ダイエットにも悪影響。腸にいいごはんを食べて、毎朝スッキリを目指しましょう!

ここでは、食物繊維、乳酸菌、納豆菌、オリゴ糖など腸の働きを活発にして、お腹の調子をととのえる栄養素が効果的に摂れる料理を紹介します。

納豆とオクラと山芋の
ぬるぬる手巻き

食物繊維たっぷりのぬるぬる野菜を納豆であえて、のりで巻いて食べる簡単手巻き。
納豆菌が胃酸に負けず腸まで届き、腸内の善玉菌を活性化させるのでおすすめ!

⏱ 15分 調理時間

材料(2人分)

納豆	2パック
かいわれ大根	1パック
オクラ	1袋
山芋	100g
焼きのり(全形)	2〜3枚
白ゴマ	大さじ1
しょうゆ	大さじ2
わさび	小さじ1/2〜1(好みで調整)

作り方

❶ ボウルにしょうゆとわさびを入れてまぜ、納豆を入れてねばりが出るまでよくまぜる。

❷ かいわれ大根は根を切り落として長さ3等分に切り、キッチンペーパーに包んで水気を切る。オクラはガクを取って輪切り(塩もみ、下ゆで不要)、山芋はひげを手でむしり、皮つきのまま5〜7mmの角切りにする。

❸ 焼きのりを4つに切って器に盛り、❶のボウルに❷と白ゴマを入れてまぜ、器に盛る。手巻きのように焼きのりで巻いて食べる。

わさびを溶いたしょうゆを納豆にまぜると、まんべんなく味がつきます。

納豆をよくまぜると糸をひいてふわふわになり、味がからんでおいしくなります!

水っぽくなってしまったら、のりで包んで食べにくいので、のりをちぎって入れ、スプーンですくって食べましょう。

 POINT

青ねぎ、みょうが、たくあんなどをきざんで入れてもおいしいです!
かいわれ大根の代わりにブロッコリースプラウトでもok。
生野菜から水分が出るので、食べる直前にまぜて、すぐに食べるのがポイント。

摂れる栄養素 納豆菌 乳酸菌 食物繊維 酵素

乳酸菌たっぷりのキムチとヨーグルト、乳酸菌の働きを助ける納豆菌が入った納豆が一緒に摂れる究極の腸活レシピ。意外な組み合わせですがおいしいです!

材料(2人分)

ヨーグルト(無糖)	120g
きゅうり	1本
キムチ	120g
わかめ(乾燥)	大さじ2
納豆	2パック
タコ(ゆで・刺身用)	120g
みそ	大さじ2

作り方

❶ ボウルにヨーグルトとみそを入れてまぜ、厚めの輪切りにしたきゅうり、キムチ、わかめを入れてまぜ、30分ほど置く(きゅうりから出た水分をわかめが吸う)。

❷ 納豆をねばりが出るまでよくまぜ、タコをひと口大に切り、食べる直前に❶に入れてあえ、器に盛る。

乳酸菌や納豆菌は50℃以上で死滅するので、加熱せず生で食べるのがポイント!

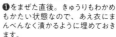

❶をまぜた直後。きゅうりもわかめもかたい状態なので、あえ衣にまんべんなく漬かるように埋めておきます。

30分後。みそとキムチの塩分できゅうりから水分が出て、塩もみしたように。その水分をわかめが吸うので水っぽくなりません。

👉 POINT

きゅうりは塩もみ不要、わかめは水戻し不要。手間を省き、水溶性の栄養素の流出を抑えられるので一石二鳥です。タコを入れたらできるだけ早く食べましょう。

👉 発酵食品を食べよう!

発酵食品とは、微生物の働きで栄養価やうま味、保存性を高めた食品のこと。日本の納豆、みそ、しょうゆ、韓国のキムチ、欧米のヨーグルトやチーズなど、世界中にたくさんの発酵食品があります。おいしくて体にいいので、毎日いろいろな発酵食品をたくさん食べましょう。

タコときゅうりの
キムチ納豆あえ

摂れる栄養素 乳酸菌 納豆菌 食物繊維 オリゴ糖 酵素

鶏ひき肉と糸こんにゃく、ごぼう、人参のこってりおいしいピリ辛炒め。食物繊維やオリゴ糖たっぷりで、お腹の中を大掃除してくれるデトックスレシピです。

25分
調理時間

材料(2人分)

糸こんにゃく	1袋(180g)
生姜	1片
人参	小1本
ごぼう	1袋(1〜2本)
鶏ひき肉(もも)	150g
黒ゴマ	大さじ1
A しょうゆ	大さじ3
酒・みりん・酢・甘酒(濃縮タイプ)	各大さじ2
唐辛子(輪切り)	適量

ごぼうは水に浸けてアク抜きしない方が、うま味も栄養素も残っておいしい!

作り方

❶ 糸こんにゃくは洗ってザルで水気を切り、食べやすい長さに切って、フライパンで水分が抜けるまで中火でじっくりから煎りして(味がしみ込みやすくなる)、火を止める。

糸こんにゃくは、から煎りする(油不要)。

❷ 生姜は皮つきのまません切り、人参とごぼうは皮つきのまま5〜7mm角、長さ3〜4cmのひょうし木切りにする(水さらし・アク抜き不要)。

❸ ❶のフライパンに鶏ひき肉、❷、Aを入れて中強火で炒め、汁気がなくなったら、黒ゴマを入れて火を止め、器に盛る(短時間で炒めるのが食感よく仕上げるポイント)。

POINT

生姜・ごぼう・人参はすべて皮つきで!食物繊維がより多く摂取でき、うま味も栄養価もアップで、むく手間もゴミも減らせます。ごぼうは変色しやすいので最後に切り、すぐに調理しましょう。ごぼうと人参は、短時間でさっと炒め、ポリポリとした食感が残るかたさに仕上げます。

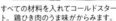

すべての材料を入れてコールドスタート。鶏ひき肉のうま味がからみます。

中強火で煮汁を飛ばしながら炒め、味をすべて具にからめます。

糸こんにゃく入り
ピリ辛鶏ごぼう炒め

摂れる栄養素 食物繊維 | オリゴ糖 | 乳酸菌

こってり辛うま
ニラ入り豚キムチ

乳酸菌たっぷりのキムチと食物繊維やオリゴ糖が豊富な野菜を甘辛く炒めた豚キムチ。濃いめの味つけでごはんがすすむ、スタミナアップも期待できる一品です。

20分 調理時間

材料（2人分）

玉ねぎ	大1個
えのきだけ	1袋
ニラ	1束
豚肉（切り落とし）	200g
キムチ	200g
白ゴマ	適量
糸唐辛子	適宜
A みそ・酒	各大さじ2
みりん・酢・ハチミツ	各大さじ1

玉ねぎとハチミツにもオリゴ糖が含まれ、野菜の食物繊維とともにお腹の調子をととのえます。

作り方

❶ 玉ねぎは薄切りにして、えのきだけは石づきギリギリを切り落とし（8ページ参照）、ニラは長さ3cmに切る。

❷ フライパンに❶の玉ねぎ、豚肉、Aを入れて中火で10分ほど炒め、❶のえのきだけ、キムチを汁ごと入れて、汁気がなくなるまで炒める。

❸ ニラを入れてさっと炒めて器に盛り、白ゴマと糸唐辛子をのせる。

玉ねぎ、豚肉、Aを入れてコールドスタート。

POINT

豚肉から出る脂と野菜から出る水分で焦げつきません。豚肉は、こってり好きな人は豚バラにしてもおいしい。切り落としは、安くて切る手間が省けるので便利。ニラはすぐクタクタになるので最後に入れ、さっと炒めてすぐ火を止めます。生でも食べられる野菜なので、加熱は短時間でOk。

玉ねぎがしんなりするまで10分ほど中火で炒める。

えのきだけとキムチを入れてさらに炒めて汁気を飛ばす。

摂れる栄養素 | 乳酸菌 | 食物繊維 | オリゴ糖 | 硫化アリル | ビタミンB群

ゴマたっぷり
肉じゃが

豚肉のうま味がじゃが芋にしみ込み、すりゴマの香りが食欲をそそる、ボリューム満点の肉じゃが。皮つきのじゃが芋と人参、糸こんにゃくの食物繊維、玉ねぎとハチミツのオリゴ糖がお腹の調子をととのえ、腸活をサポートします。

調理時間 30分

材料（3〜4人分・作りやすい分量）

糸こんにゃく	1袋(180g)
玉ねぎ	大1個
人参	小1本
生姜	1片
じゃが芋	中3個
豚肉	200g
だし汁	300〜400ml
絹さや	1パック
白すりゴマ	大さじ1〜2
A　酒・みりん・ハチミツ	各大さじ3
薄口しょうゆ	大さじ4〜5

作り方

❶ 糸こんにゃくは洗ってザルで水気を切り、食べやすい長さに切って、鍋で水分が抜けるまで中火でじっくりから煎りして（味がしみ込みやすくなる）、火を止める。

❷ 玉ねぎは薄切り、人参は皮つきのまま乱切り、生姜は皮つきのまますりおろし、じゃが芋は芽を取って皮つきのままひと口大に切る。

❸ ❶の鍋に❷と豚肉、Aを入れて中火で炒め、豚肉の脂が全体にまわったらだし汁を入れ、落としぶたとふたをして、弱火で25分煮る。

❹ 味をみて、薄かったら薄口しょうゆを足して調整し、ヘタを取った絹さやを入れ、ふたをして3分蒸して器に盛り、白すりゴマをたっぷりかける。

すりゴマより、炒りゴマをすってかけた方が、より香ばしくておいしいです。

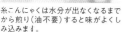
糸こんにゃくは水分が出なくなるまでから煎り（油不要）すると味がよくしみ込みます。

豚肉から脂が出るので、炒め油は不要！肉の脂を全体にまわすように炒めます。

だし汁はひたひた（具がギリギリかぶるくらい）に入れましょう。

落としぶたはクッキングシートを切って作り、煮汁表面にぴったり貼りつけます。

POINT

薄い色に仕上げたいときは薄口しょうゆ、濃い色に仕上げたいときは普通のしょうゆを使います。牛肉でもOk。関西は牛肉を使った肉じゃがが主流です。だし汁の作り方は99ページ参照。面倒なときは水とかつお節（1〜2つかみ）でもOk。かつお節は引き上げず、具として食べれば手間もゴミも減ります。

POINT

肉じゃがはじゃが芋が主役。30分以上煮ると煮崩れるので、30分でちょうど完成するように作るのがホクホクにおいしく仕上げるポイントです。じゃが芋はホクホク系の男爵を使用。絹さやは煮すぎると色と食感が悪くなるので、食べる直前に入れてさっと火を通す程度でOk。

摂れる栄養素　食物繊維　オリゴ糖　乳酸菌

激うまコーンスープ 豆乳仕立て

簡単なのに驚くほどおいしい我が家の定番コーンスープ。食物繊維やオリゴ糖、乳酸菌たっぷりでバターや乳製品は不使用、豆乳ベースのヘルシーなスープです。

⏱ 15分 調理時間

材料（2人分）

コーン（生）‥‥‥‥‥‥‥‥‥‥‥‥	1本
豆乳（無調整・おから入り）‥‥‥‥‥	150ml
白みそ（なければ普通のみそ）‥‥‥‥	大さじ1
白こしょう ‥‥‥‥‥‥‥‥‥‥‥‥	適量
パセリ（あれば）‥‥‥‥‥‥‥‥‥‥	適宜

作り方

❶ コーンの皮をむいてひげを取って洗い、実を包丁でこそげ取る。

❷ 鍋に❶の実と芯、水150ml、白みそを入れ、ふたをして中弱火で8分蒸し煮にして、ふたをあけて冷ます。

コーンのひげは実の数に比例するので、ひげが多いほど実が詰まっています。

❸ コーンの芯を取り除いて、実と蒸し汁、豆乳、白こしょうをミキサーで撹拌し、味が薄かったら白みそを足してととのえ、器に注ぎ、パセリを飾る。

コーンの芯は捨てずに一緒に蒸すのが甘く、おいしくなるポイントです！

バターや牛乳などの乳製品を使わなくても、十分おいしい！

👉 **POINT**

缶詰のコーンでもOk。その場合、甘味が足りないのでハチミツ大さじ1をプラスするとおいしく作れます。無調整のおから入りタイプの豆乳を使うと、濃厚で、食物繊維も摂れて、とろみもつくのでおすすめ！

摂れる栄養素　食物繊維　オリゴ糖　乳酸菌

中東料理のフムスをイメージした簡単でおいしいヒヨコ豆のディップはノンオイルで食物繊維たっぷり。野菜スティックを添えるとさらに栄養価がアップします。

15分
調理時間

保存期間2〜3日

材料（2人分）

ヒヨコ豆（水煮缶）	……………………	1缶（100g）
ニンニク	…………………………………	1片
バゲット	……………………………………	4枚
ズッキーニ	…………………………………	1本
パプリカ（赤・黄）	……………………	各1/2個
イタリアンパセリ（あれば）	………………	適宜
パプリカパウダー（あれば）	………………	適宜

A	みそ	…………………	大さじ2〜3
	レモン汁	………………………	大さじ2
	白ねりゴマ	……………………	大さじ1
	白こしょう	………………………	適量

作り方

❶ ヒヨコ豆は飾り用に5粒取り置き、残りをニンニクと一緒にフードプロセッサーに入れて粒が細かくなるまで撹拌する。

❷ **A**を加えて、なめらかなペースト状になるまでさらに撹拌し、器に盛り、❶の飾り用のヒヨコ豆とイタリアンパセリをのせ、パプリカパウダーをふりかける。

❸ バゲットをオーブントースター（またはグリル）で軽くトーストして、パプリカはヘタと種を取ってそれぞれ縦8つに切り、ズッキーニはパプリカと同じ長さに切り、縦に8つに切って器に盛る。フムスをバゲットや野菜スティックにつけながら食べる。

👉POINT

一般的なフムスはオリーブオイルをたっぷり使いますが、ノンオイルでもおいしくできます。
野菜スティックはなんでもOk。セロリ、きゅうり、人参など好きな野菜を添えてください。
イタリアンパセリとパプリカパウダーはなくてもOk。あると本場っぽくなります。

フムスは冷蔵庫で2〜3日保存可能。前もって作り置きしておくと、忙しいときに便利です。

ヘルシーフムス

さつま芋とプルーンの寒天デザート

食物繊維たっぷりのさつま芋とお腹の調子をととのえるプルーンを寒天で固めたヘルシーデザート。砂糖ゼロのスッキリと自然な甘味がクセになるおいしさです。

15分 調理時間

材料（4～6人分・作りやすい分量）

さつま芋	300g
プルーン（ソフトドライ）	70g
りんごジュース	500ml
寒天（粉末）	4g（500mlを固める量）

作り方

❶ さつまいもは洗って、皮つきのまま1cmの輪切りにして、鍋に入れ、プルーン、りんごジュースを入れて火にかけ、沸騰したらふたをして弱火で25分煮る。

❷ 寒天を入れて溶かし、5分煮る。

❸ 流し缶（なければタッパでOK）に入れてあら熱を取り、冷蔵庫で1～2時間冷やし固める。

❹ 型から外し、食べやすい大ききさに切って器に盛る。

型から外すときに失敗して崩れてしまったら、崩して器に盛りつけてもおしゃれ！

型抜きをせず、1つずつ器に入れてかためて、そのまま食べてもOkです。

👆POINT

さつま芋の皮には食物繊維やポリフェノールがたっぷり。皮をむくのはもったいないので、皮ごと食べるのが基本です。さつま芋は30分かけてじっくり加熱すると、でんぷんが糖化して甘く、おいしくなります。電子レンジで時短にせず、鍋で時間をかけて作るのがポイント。煮すぎると崩れるので、30分くらいがベストです。

さつま芋とプルーンをバランスよく並べると切ったときにきれいです。

食べてやせる!
美肌ダイエットレシピ

テレワークで太る人の多くは、運動不足と栄養バランスの偏りが原因です。消費カロリーより摂取カロリーの方が多ければ太り、さらに食事の栄養バランスが悪かったら、ビタミンやミネラル不足で上手くエネルギーを産生できず、疲労や肌荒れ+使い切れなかったカロリーが脂肪となって太ります。つまり、低カロリーでビタミンやミネラル、食物繊維たっぷりの減塩ごはんにすれば、自然とやせて美肌になります!

万能ゴマだれの
激うまバンバンジー

ノンオイルでヘルシーなのに驚くほどおいしい! コクうまの特製ゴマだれで食べるしっとりやわらか蒸し鶏のサラダ。野菜たっぷりで栄養バランスも完璧です。

⏱ **20分**
調理時間

材料(2人分)

鶏肉(むね)		1枚
A	白しょうゆ(なければ薄口しょうゆ)	大さじ1
	酒	大さじ2
生姜		1〜2片
豆乳(無調整・おから入り)		大さじ5〜8
トマト		1個
きゅうり		1本
ベビーリーフ		1袋
B	白ねりゴマ・みそ	各大さじ1
	ぽん酢	大さじ3
	白こしょう	適量

作り方

❶ 鶏肉を鍋に入れて**A**を両面にまぶし、皮目を下にして置き、生姜を皮つきのまません切りにして入れる。

❷ ふたをして中弱火で10分蒸し焼きにして、鶏肉を裏返し、ふたをして弱火でさらに10分蒸し焼きにする。ふたをあけて鶏肉を裏返し(皮目が下)、強火で煮汁を飛ばしながらからめ、火を止めて自然に冷めるまで放置する。

❸ ボウルに**B**を入れてまぜ、豆乳を少しずつ加えて、とろみのある濃度に調整し、ゴマだれを作る。

❹ トマトは半分に切って薄切り、きゅうりはななめ切りのせん切り、ベビーリーフは洗ってスピナーなどで水気を切り、器に盛る。

❺ ❷を手でさいて鍋の中の煮汁や生姜をからめ、❹に盛り、食べる前に❸のゴマだれをかける。

パサつきがちな鶏むね肉もしっとりやわらかくなります!

鶏肉が入るサイズの鍋がおすすめ。皮目を下にして置くのがポイント。

10分蒸し焼きにしたところ。返してさらに10分蒸します。

👉POINT

鶏むね肉はもも肉よりも脂肪が少なく、低カロリーでおすすめ。もも肉で作るとよりやわらかく、こってりジューシーで、それもおいしい!

摂れる栄養素 | たんぱく質 | β-カロテン | ビタミンC | ビタミンE | カリウム | 鉄

オイスターソースで炒めたこってりピリ辛の牛ひき肉炒めをレタスに包んで食べる野菜たっぷりのメインディッシュ。ピーナッツの食感がクセになるおいしさ。

⏱ **15分** 調理時間

保存期間2〜3日

材料(2人分)

長ねぎ	1本
ニラ	1束
生姜	1片
ニンニク	1片
レタス	6〜8枚
牛ひき肉	150g
ピーナッツ	40g
A 酒	大さじ2
オイスターソース・しょうゆ・ハチミツ 各大さじ1	
豆板醤	小さじ1/4〜1/2(好みで調整)

作り方

❶ 長ねぎは緑の部分も一緒に小口切り、ニラは長さ5mmに切り、生姜(皮つきでOK)とニンニクはすりおろす。レタスは洗ってスピナーなどで水気を切り、器に盛る。

❷ フライパンに❶の長ねぎ、生姜、ニンニク、**A**を入れて強火で炒め、沸騰したら牛ひき肉を入れてほぐしながら炒める。

❸ 牛ひき肉の色が変わったら❶のニラを入れてさっと炒めて火を止め、ピーナッツをまぜて器に盛る。❶のレタスに❸を包んで食べる。

沸騰してからひき肉を入れると、粒感が残って食べごたえがあります！

強火で汁気がなくなるまで炒めるのがポイント。食べやすく、濃い味でおいしい！

ピーナッツを炒めると食感が悪くなるので、火を止めてから入れます！

👉 **POINT**

豚ひき肉、鶏ひき肉でもおいしい！残ったら冷蔵庫で2〜3日保存可能。ごはんにのせて丼にしたり、うどんやパスタにかけたり、おにぎりの具にしてもおいしいです。

牛ひき肉とピーナッツのレタス包み

摂れる栄養素　たんぱく質　β-カロテン　ビタミンC　ビタミンE　カリウム　鉄　亜鉛　食物繊維

こんがりサクサクのチーズがおいしいエビグラタンは、豆乳とごはんで作る絶対に失敗しない簡単ホワイトソースがポイント！低カロリーで野菜たっぷりです。

25分
調理時間

材料（2人分）

豆乳（無調整・おから入り）……………… 150ml
冷やごはん ……………… 茶わん1/2杯（100g）
A ┌ 白みそ（なければ普通のみそ）……… 大さじ1
　└ 白こしょう………………………………… 適量
玉ねぎ………………………………………… 小1個
エリンギ ……………………………………… 1パック
いんげん ……………………………………… 1袋
エビ（殻つき・生）……………………… 6〜8尾
アーモンド（スライス）……………………… 12g
チーズ（ピザ用）………………… 40〜60g
パン粉………………………………………… 適宜
B ┃ 白ワイン・薄口しょうゆ …………… 各大さじ2

作り方

❶ 豆乳、冷やごはん、**A**をミキサーで撹拌して、なめらかでとろみのあるホワイトソースを作る。

❷ 玉ねぎは横に半分に切って縦に薄切り、エリンギはひと口大に切り、いんげんはヘタを切り落として長さ2〜3cmに切る。

❸ フライパンに**B**を入れて中火にかけ、エビを炒めて、色が変わったらエビを取り出し、❷の玉ねぎとエリンギを入れ、水分がなくなるまで炒める。

❹ ❷のいんげんを入れて1分炒めて火を止め、❶を入れてまぜ、耐熱皿に入れる。

❺ ❸のエビが冷めたら殻をむき、❹にのせ、アーモンド、チーズ、パン粉の順にかけ、オーブントースター（またはグリル）で15分ほどチーズとパン粉がキツネ色になるまで焼く。

ホワイトソースを豆乳とごはんで作ると、低カロリーでダマにならず、一瞬で完成します！

👉 **POINT**

殻つきのエビは加熱するとおいしいだしが出ます。炒めた汁で野菜を炒めて、エビのうま味たっぷりのグラタンに！殻つきのエビがなければ、むきエビでもOk。その場合はいんげんと同じタイミングで入れます。

ホワイトソースはどろっとしたかために調整しましょう。

ソースと具をフライパンの中でまぜてから器に盛ります。

パン粉は全面にたっぷりのせるとこんがりサクサクに！

エビといんげんの豆乳グラタン

摂れる栄養素 コラーゲン アスタキサンチン β-カロテン ビタミンE カルシウム 食物繊維

パリパリ鶏皮せんべいと 桜エビとキャベツの鶏オイル炒め

鶏皮をノンオイルでパリパリに焼いた鶏皮せんべいはおつまみに最高！鶏皮から出たコラーゲンたっぷりの鶏オイルで炒めた桜エビとキャベツも激うまです。

40分
調理時間

材料（2人分）

鶏皮		250g
ニンニク		1片
キャベツ		1/4玉
豆苗		1袋
レモン		1/2個
ミニトマト		8個
桜エビ		10g
片栗粉		適量
しょうゆ		大さじ1
A	しょうゆ	大さじ2
	酒	大さじ1
	こしょう	適量（多めがおいしい）

作り方

❶ 鶏皮は食べやすい大きさに切り、ニンニクはすりおろし、**A**と一緒にビニール袋に入れてまぜ、20〜30分漬ける。

❷ キャベツはざく切り、豆苗は根元を切り落として長さ半分に切り、レモンはくし形に切り、ミニトマトはヘタを取る。

❸ ❶の鶏皮を漬け汁から引き上げ、片栗粉を全面にたっぷりとつけて、フライパンに皮目を上にして、重ならないように並べる（油不要）。

❹ 中弱火で10分ほど焼き、鶏皮から脂が出て、表面がこんがりしたら返し、裏面も同様に焼く。何度か返しながら、揚げたようにパリパリになるまで、じっくり焼くのがポイント。

❺ パリパリに焼けた鶏皮から順に取り出して器に盛る。鶏オイルの残ったフライパンに❷のキャベツと豆苗、桜エビ、しょうゆを入れて強火でさっと炒めて器に盛り、❷のレモンとミニトマトを添える。

日当たりのいい場所に置き、水を毎日取り替えると、約1週間でボーボーに！

皮の裏側から脂が出るので、皮目を上にして並べ、裏側から焼きます。

粉をしっかりつけ、弱火でじっくり焼くのがパリパリにするポイント！

豆苗の根は捨てずに再利用しましょう。もう一度豆苗が食べられます。

👉 POINT

鶏皮はスーパーで安く売られているのでお買い得！冷めてもパリパリでずっとおいしい！

小松菜とりんごとバナナの グリーンスムージー

野菜嫌いの人もジュース感覚でおいしく飲める甘いグリーンスムージー。栄養豊富で消化にいいので、朝食や風邪をひいたときの栄養補給としてもおすすめです。

調理時間 10分

材料（2〜3人分・作りやすい分量）

小松菜	1袋（200〜300g）
バナナ	1本
りんご	1個

👉POINT

大人2人分の朝ごはんはこれだけでOK（糖質とビタミン・ミネラル・食物繊維・酵素がたっぷり摂れて栄養バランスも完璧）。バナナとりんごは空気に触れると変色するので、切ったらすぐに攪拌し、すぐ飲みましょう。すぐに飲めないときはラップをして冷蔵庫で保存し、分離するので飲む前に軽くまぜて飲んでください。

👉アレンジレシピ

小松菜の代わりに、水菜、チンゲン菜、ピーマンなどクセが少なく、生で食べられる野菜を入れてもおいしい。トマト、オレンジ、パプリカを追加してもOK。水の代わりに、豆乳、牛乳、ヨーグルト、ジュースでもOK。

作り方

❶ 小松菜は根元までよく洗って砂や泥を落とし、3〜4cmのざく切りにし、ミキサーに葉、茎の順に入れる。

❷ バナナの皮をむいて半分に折り、❶に入れる。

❸ りんごを洗って縦に4つに切り、種を取り、皮つきのまま適当な大きさに切って❷に入れる（塩水でさらす必要なし）。

❹ 水200〜300mlを入れ（水が少ないとミキサーがまわらず、多すぎると水っぽくなるので、ミキサーがまわるギリギリの量を入れる）、ふたをして攪拌し、なめらかになったらグラスに注ぐ。

我が家でも毎朝飲んでいますが、腹持ちがよく、昼過ぎまでお腹がすかないのでおすすめです！

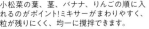

小松菜の葉、茎、バナナ、りんごの順に入れるのがポイント！ミキサーがまわりやすく、粒が残りにくく、均一に攪拌できます。

摂れる栄養素　β-カロテン　ビタミンE　食物繊維　カリウム　カルシウム　鉄　酵素

アボカドソースが濃厚でおいしい！食べごたえ抜群で大満足のヘルシーパスタ。
ズッキーニをパスタ状に切ったベジヌードルだから、糖質オフで栄養満点です。

材料（2人分）

ズッキーニ	1本
ミニトマト	8個
レッドキャベツスプラウト	1パック
アボカド	1個
きざみのり	適量
A 白しょうゆ（なければ薄口しょうゆ）	大さじ2
レモン汁	大さじ2
わさび	小さじ1/2～1（好みで調整）

作り方

❶ ズッキーニをベジヌードルカッターなどでパスタ状に切る（スライサーでリボン状に切ってフィットチーネ風にしてもOK）。

❷ ミニトマトはヘタを取って横半分に切り、レッドキャベツスプラウトは根を切り落としてキッチンペーパーに包んで水気を切る。

❸ ボウルに**A**を入れてまぜ、アボカドは皮と種を取って縦4つに切り（11ページ参照）、フォークやマッシャーでつぶしながらまぜ、アボカドソースを作る。

❹ ❶を器にこんもりと盛り、❷のミニトマトを並べ、❸のアボカドソースをのせ、きざみのり、❷のレッドキャベツスプラウトをのせる。

ズッキーニはかぼちゃの一種。水分が少なく、適度なかたさがあり、栄養価が高いのでベジヌードルに最適です。黄色いズッキーニで作ってもかわいい！

愛用しているベジヌードルカッター・クルル（愛プロダクツ）。くるくるまわすと野菜がパスタ状に切れます。

専用カッターがなければ、スライサーでリボン状に切りましょう。薄く、細めに切ると食べやすいです。

👉**POINT**

ヘルシーなのに驚くほどおいしいので、おすすめです！

究極のヘルシーパスタ。いろいろなメディアや講演で紹介してきた大人気の定番レシピ。すべて生野菜なので、時間が経つとアボカドソースの塩分で水っぽくなります。盛りつけたらすぐに食べましょう。

アボカドソースで食べる ズッキーニのパスタ

摂れる栄養素　β-カロテン　リコピン　ビタミンC　ビタミンE　カリウム　鉄　食物繊維

うなぎと切り干し大根の玄米ちらし寿司

フライパン1つで作る、うなぎが主役の豪華でボリューム満点のちらし寿司。切り干し大根のうま味とアーモンドの食感がクセになるおいしさです。具だくさんでごはんは1人分茶わん1/2杯! ビタミン・ミネラル・食物繊維もたっぷりです。

調理時間 30分

材料(2人分)

切り干し大根	30g
昆布	10×20cm
干ししいたけ(スライス)	10g
卵	2個
人参	1/2本
絹さや	1パック
A 酒・みりん・酢・甘酒(濃縮タイプ)	各大さじ2
薄口しょうゆ	大さじ3~4
玄米ごはん(白米でもOK)	茶わん1杯分
アーモンド	25g
うなぎ	1尾
油	適量(小さじ1~2)
さんしょう	適量
B 酒	大さじ1
付属のうなぎのたれ	

梅型は大きさちがいで3~4種類あると太さに合わせてムダなく型抜きができる。

切り込みの野菜くずや型抜きで残った外側も、すべて角切りにして使います。

作り方

❶ 切り干し大根はさっと洗ってしぼり(砂汚れを落とすため、だしが流出するので短時間で)、昆布、干ししいたけと一緒に水600mlで戻し、切り干し大根は食べやすい長さにざく切り、昆布はせん切りにして、戻し汁と一緒にしておく。

❷ フライパンに油を広げて熱し、弱火にして、溶いた卵1個分を入れて広げて焼き、返して裏面も軽く焼き、取り出す。卵もう1個も同様にして、薄焼き卵を2枚作り、冷めたらせん切りにして錦糸卵を作る。

錦糸卵は焦げないように弱火で焼き、裏返して両面を焼くのがポイント。

❸ 人参を1cmの輪切りにして梅型で抜き、切り込みを入れて花人参を作り、残った人参は2~3mmの角切りにする(皮ごとすべて捨てずに使う)。型抜きや飾り切りが面倒なときはすべて角切りでもOK。

❹ ❷のフライパンに❶を戻し汁ごと入れ、❸、Aを入れて中火にかけ、沸騰したらヘタを取った絹さやを入れて1分煮たら取り出し(色よく仕上げるため)、ななめ半分に切る。

❺ ❹を汁気がなくなるまで煮たら(10~15分)、飾り用の花人参を取り出し、火を止めて玄米ごはんを入れてまぜ、うちわであおいで冷まし、あらくきざんだアーモンドをまぜて器に盛る。

ちらし寿司の素とごはんをフライパンの中でまぜれば洗い物が1つ減ります!

❻ うなぎを8つに切って❺のフライパンに皮目を下にして並べ、Bを入れて、ふたをして中弱火で5分蒸し焼きにして、たれをからめながら汁気を飛ばす。

❼ ❺に❷の錦糸卵をのせ、❻のうなぎ、❺の花人参、❹の絹さやを飾り、さんしょうを添える。

👉POINT

玄米ごはんはビタミンB群や食物繊維が豊富。苦手な人も多いですが、ちらし寿司にするとおいしく食べられ、茶色っぽさも気になりません。

砂糖を使わず、甘酒で作るうま味たっぷりの絶品ゴマあえ。アレンジ自在で野菜がおいしく食べられ、ビタミンEやポリフェノールでアンチエイジングに効果的。

10分
調理時間

材料（2人分）

アスパラガス	1束
白ゴマ	大さじ1
麦みそ（好きなみそでOK）	大さじ1
甘酒（濃縮タイプ）	大さじ1

作り方

❶ アスパラガスは根元を手でポキッと折り、フライパンで沸騰させたお湯で1分ゆでて取り出し、10秒水に浸けて冷やし、取り出す。

❷ 2cmのななめ切りにして、キッチンペーパーに包んでしっかり水気を切る。

❸ 白ゴマをすり鉢ですり、麦みそと甘酒を入れて、すりこぎでつぶしながらまぜてなめらかなあえ衣を作る。

❹ ❸に❷を入れてさっとあえ、器に盛る。

アスパラガスをゆでたら、面倒でもキッチンペーパーを使って、しっかり水分を拭き取りましょう！

👉POINT

アスパラガスは1分ゆでてすぐ冷やすのが色よく、食感よく仕上げるポイント。ゆですぎ、水にさらしすぎるとうま味と栄養が流れ出てしまうので、手早く水気を切りましょう。
水切りをしっかりやらないとベチョッと水っぽいあえものに。

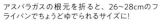

アスパラガスの根元を折ると、26〜28cmのフライパンでちょうどゆでられるサイズに！

白ゴマを軽く煎ってからするとさらに香りがアップ。面倒なときはすりゴマでもOK。

甘酒で作る
アスパラガスのゴマあえ

摂れる栄養素 β-カロテン　ビタミンE　カルシウム　マグネシウム　鉄　ポリフェノール　食物繊維

簡単おいしい！
いんげんのクルミあえ

ゴマをクルミに変えてもおいしい！みそを変えるとちがうおいしさになる！組み合わせ自由の簡単あえもの。クルミはオメガ3脂肪酸が豊富で血液サラサラに。

⏱ 10分
調理時間

材料（2人分）

いんげん	1袋（100g）
人参	4〜5cm
クルミ	45g
白みそ（好きなみそでOK）	大さじ1
甘酒（濃縮タイプ）	大さじ1

👉 POINT

クルミは時間が経つとピンク色に変色。袋の中でたたき、食べる直前にあえて、すぐに食べると変色を防げます。変色しても食べられるので（見栄えが悪くなるだけ）、食べ残したら翌日食べても大丈夫！

👉 アレンジレシピ

野菜（アスパラガス、いんげん、スナップえんどう、ほうれん草、春菊、水菜など）×ナッツ（ゴマ、クルミ、ピーナッツなど）×みそ（麦みそ、白みそ、あわせみそ、好きなものでOK）×甘酒、好きな組み合わせで作れます！野菜をしっかり水切りすれば、お弁当のおかずや作り置きも可能。

作り方

❶ いんげんはヘタを切り落として長さ4cmに切り、人参は皮つきのまません切りにする。

❷ 耐熱皿に❶の人参、その上にいんげんを置き（下の方がよく火が通る）、ラップをして電子レンジ（700W）で2分加熱し、ラップを外してうちわであおいで手早く冷ます。

❸ クルミをビニール袋に入れ、すりこぎでたたいて粒が残る程度にあらくつぶし、白みそと甘酒を入れてまぜ、ビニール袋の中であえ衣を作る。

❹ ❸に❷を入れてあえ、器に盛る。

電子レンジで加熱後、うちわであおいで素早く冷ますと色が鮮やかに。栄養素の流出も防げます。

袋の中でたたいてあえると洗い物が1つ減り、クルミが空気に触れず、酸化・変色しづらいのでおすすめ。

摂れる栄養素 β-カロテン ビタミンE カリウム オメガ3脂肪酸 ポリフェノール 食物繊維

春菊の白あえ

水切りした豆腐とゴマたっぷりのあえ衣は濃厚でこってり! 野菜がたっぷりおいしく食べられ、豆腐のたんぱく質も摂れる、栄養バランス完璧な一皿です。

30分 調理時間

材料（2人分）

豆腐（もめん）	200g
春菊	1袋
人参	4cm
白ゴマ	大さじ3
かつお節	大さじ1
白みそ（なければ普通のみそ）	大さじ2
甘酒（濃縮タイプ）	大さじ2

作り方

❶ 豆腐はキッチンペーパーで包んで電子レンジ（700W）で1分加熱し、皿などで重しをして30分置き、水切りをする。

豆腐の上に皿などを置いて重しをします。この上にさらに重いものを置いてもOKです。

❷ 春菊は沸騰したお湯に根元部分だけを浸けて20秒ゆで、葉まで全部入れてさっとゆでたら、すぐに冷水で冷やしてしぼる。長さ4cmに切り、キッチンペーパーに包んでしっかり水気を切る。

❸ 人参は皮つきのまません切りにして、ラップをして電子レンジ（700W）で1分加熱し、ラップを外して冷ます。

❹ すり鉢で白ゴマをすり、かつお節を加えて粉になるまですり、白みそ、甘酒を入れてまぜる。

❺ ❹に❶を入れ、すりこぎでつぶしながらまぜ、❷と❸を入れてあえ、器に盛る。

春菊は根元のかたいところを先に20秒ゆでてから全体をゆでます。

しっかり水切りした豆腐をすりこぎでつぶしながら均一にまぜます。

👉POINT

豆腐と春菊をしっかりと水切りするのがポイント。水っぽくなければ、お弁当のおかずや作り置きも可能です。

水切りが甘いと水っぽいあえものに。キッチンペーパーを2〜3回取り替えるとしっかり水気が切れます!

摂れる栄養素 たんぱく質 β-カロテン ビタミンE カリウム カルシウム 鉄分 食物繊維

β-カロテンやビタミン、ミネラル、食物繊維たっぷりの野菜をノンオイルのゆずこしょうドレッシングで食べる、簡単でおいしい満点ビタミンサラダです。

10分
調理時間

材料（2人分）

水菜 ……………………………………………… 1袋
カラーピーマン（赤・黄・オレンジ）………… 各1個
クルミ ………………………… 適量（大さじ2〜3）

A	ぽん酢 ………………………………… 大さじ4
	ゆずこしょう…… 小さじ1/4〜1/2（好みで調整）
	白すりゴマ ………………………………… 大さじ1

作り方

❶ 水菜は洗って4cmに切り、スピナーなどでしっかり水気を切る。カラーピーマンはヘタと種を取って、横に半分、縦に2mm幅に切る。

❷ Aをまぜてゆずこしょうドレッシングを作る。

❸ ❶の水菜とカラーピーマンを軽くまぜて器に盛り、クルミをトッピングして、❷を添え、食べるときにドレッシングをかける。

パプリカは大きいので各1/2個にするとバランスがいいです！

酸味と辛味が絶妙なノンオイルのコクうまドレッシング。どんなサラダにも合います！

☞ **POINT**

カラーピーマンがなければパプリカでもOk。サラダの野菜はなんでもOk！
ベビーリーフ、リーフレタス、サラダ菜、サラダほうれん草など、緑色の濃い野菜の方がβ-カロテンなどの栄養が豊富です。

☞ **ゆずこしょうドレッシング**

Aをまぜて作ったゆずこしょうドレッシングは冷蔵庫で2〜3日保存可能です。
辛いのが苦手な人はゆずこしょうの量を減らして、調整してください。
すりゴマを入れると香りとコクがアップ！量多めでもおいしいです。

水菜とカラーピーマンと クルミのサラダ

PART 7 食べてやせる！美肌ダイエットレシピ

エビと枝豆の
寒天よせ

エビと枝豆のうま味を閉じ込めた目にもおいしい寒天よせ。強力な抗酸化作用で老化を止めるアスタキサンチンやコラーゲンが豊富なエビと、代謝を上げるビタミンB群が摂れる枝豆、食物繊維たっぷりの寒天など、美容成分もいっぱいです。

20分
調理時間

保存期間1〜2日

材料（5〜6個分・作りやすい分量）

だし汁	600ml
エビ（殻つき・生）	10〜12尾
枝豆	1袋
えのきだけ	1袋
生姜	2片
寒天（粉末）	4g（500mlを固める量）
A	酒・白しょうゆ（なければ薄口しょうゆ）…各大さじ1

作り方

❶ だし汁とAを鍋に入れて中火にかけ、沸騰したらエビを入れ、色が変わったら取り出し、あら熱が取れたら殻をむく。

❷ 枝豆は洗ってフライパンに広げ、ふたをして中火で5分蒸し焼きにし、さやから豆を取り出す。

❸ えのきだけは石づきギリギリを切り落とし（8ページ参照）、長さ3等分に切る。生姜は皮つきのまますりおろす。

❹ 型に❶のエビと❷の枝豆をバランスよく並べる。

❺ ❶の残り汁に寒天を入れて中火にかけ、沸騰して寒天が溶けたら❸のえのきだけを入れて2〜3分煮る。火を止めて❸の生姜を入れ、❹の型に流し入れる。あら熱が取れたら冷蔵庫に入れて、1〜2時間冷やし固める。

❻ 型から外して器に盛り、薄口しょうゆ（分量外）をかけて食べる。

POINT

冷蔵庫で1〜2日保存可能。作り置きできて、華やかでおいしいので、おもてなしにもぴったりです。寒天から水が出るので、食べる直前に盛りつけましょう。おいしさを左右するのはだし汁の味！下記を参考にして、濃厚でおいしいだしを取ると、ワンランク上の上品な寒天よせになります。

枝豆はゆでずに蒸し焼きにするのがポイント！栄養が逃げず、うま味が凝縮しておいしい。

だし汁でエビをゆで、エビのだしが加わったゆで汁ごと寒天で固めるから、うま味たっぷり！

型抜きが面倒なときは、タッパなどで固めて、崩しく食べてもおいしいです。

おいしいだし汁の作り方

材料（だし汁600ml分）

水	800ml
昆布	10×40cm
かつお節	2つかみ（たっぷりがおいしい）

作り方

❶ 昆布は、はさみで細く切り（だしがよく出る）、水と一緒に鍋に入れる（冷蔵庫でひと晩浸けてゆっくり戻すとさらにおいしくなる）。

❷ ❶の鍋を弱火にかけて、ゆっくり時間をかけて加熱する（ゆっくりの方がおいしいだしが出る）。

❸ 沸騰したらかつお節を入れて中火で2〜3分煮出し、目の細かいザルでこす。

POINT

いい昆布、いいかつお節をたっぷり使って、ゆっくりだしを取ると、おいしいだしが取れる。
だしを取った後の昆布とかつお節は、もったいないので佃煮や煮物、みそ汁の具にして使い切りましょう。
毎日たくさんだし汁を作ると、昆布とかつお節の消費が追いつかないので、普段の料理では、昆布をはさみで細く切って、そのまま具として食べるのがおすすめです。

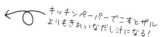
キッチンペーパーでこすとザルよりもきれいなだし汁になる！

鶏肉と油揚げの ひじき煮

鶏肉と油揚げと切り干し大根がおいしい簡単ひじき煮。ひじきはカルシウムや鉄分、食物繊維がたっぷりで、具だくさんにするとさらに栄養バランスがアップ！

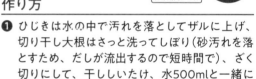
（20分 調理時間）

保存期間2～3日

材料（2～4人分・作りやすい分量）

ひじき（乾燥）・・・・・・・・・・・・・・・・・・・・・・・・・・	25g
切り干し大根・・・・・・・・・・・・・・・・・・・・・・・・・	20g
干ししいたけ（スライス）・・・・・・・・・・・・・・	7g
人参・・・・・・・・・・・・・・・・・・・・・・・・・・・・・・・・・	小1/2本
油揚げ・・・・・・・・・・・・・・・・・・・・・・・・・・	1袋（1～2枚）
鶏肉（もも）・・・・・・・・・・・・・・・・・・・・・・・・・	1枚
大豆（水煮缶）・・・・・・・・・・・・・・・・・・	1缶（100g）
いんげん・・・・・・・・・・・・・・・・・・・・・・・・・・・・	1袋

A		
	酒・みりん・・・・・・・・・・・・・・・・・	各大さじ3
	しょうゆ・・・・・・・	大さじ2～3（味をみて調整）
	酢・・・・・・・・・・・・・・・・・・・・・・・・・	大さじ1

作り方

❶ ひじきは水の中で汚れを落としてザルに上げ、切り干し大根はさっと洗ってしぼり（砂汚れを落とすため、だしが流出するので短時間で）、ざく切りにして、干ししいたけ、水500mlと一緒に鍋に入れる。

❷ 人参は皮つきのまません切り、油揚げは横に半分、縦に7mm幅に切り、鶏肉は2～3cm角に切る。

❸ ❶に❷の人参とAを入れて火にかけ、沸騰したら❷の油揚げと鶏肉、大豆を入れて、中弱火で15分煮る。

❹ いんげんはヘタを取って長さ3cmに切る。

❺ ❸の煮汁が少なくなったら❹を入れて、強火で2分ほど汁気を飛ばしながら炒め、器に盛る。

ひじき煮は、いろんな料理に使えるので、覚えておくと便利な一品！

ひじき、切り干し大根、干ししいたけは鍋の中で戻して、具も戻し汁も使います。

煮汁が少なくなったらいんげんを投入。短時間の加熱で色鮮やかに仕上げましょう。

POINT

生ひじきを使ってもおいしい！ひじき煮は冷蔵庫で2～3日保存可能。作り置きやお弁当にもおすすめです。

摂れる栄養素 | β-カロテン | ビタミンB群 | カリウム | カルシウム | マグネシウム | 鉄 | 食物繊維 | たんぱく質

ひじき煮で簡単ひじきごはん

ひじき煮をごはんにまぜるだけ！
おにぎりにしてもおいしいバランスアップごはんです。

調理時間 3分

材料（2人分）

ひじき煮	適量
ごはん	茶わん1〜2杯分

作り方

❶ アツアツごはんにひじき煮をまぜ（ひじき煮多めがおすすめ！）、器に盛る。

POINT

冷やごはんにまぜてもOk。
おにぎりにしたり、いなり寿司の具にしたり、
のり巻きにしてもおいしいです。

ひじき煮をごはんにまぜる
だけで具だくさんな栄養満
点ごはんが完成します！

ひじき煮入り卵焼き

ひじき煮入りの卵焼きはおいしくて栄養たっぷり！色鮮やかでお弁当にもおすすめです。

調理時間 10分

材料（2人分）

卵	3個	白だし	大さじ1
ひじき煮	100g	油	適量

作り方

❶ 卵を2個と1個に分けて溶き、2個の方にひじき煮と白だしを入れる。

❷ 卵焼き器に油を薄く広げて熱し、弱火にしてひじき煮入りの卵をおたま1杯分入れ、卵が固まりかけたら巻く。端によせて油を広げ、同様に2〜3回繰り返し、ひじき煮入りの卵をすべて巻く。

❸ 端によせて油を薄く広げ、❶のひじ煮なしの卵を入れて巻く。5等分して器に盛る。

POINT

最後のひと巻きを卵だけにすると、崩れにくく、卵の黄色がきれいな卵焼きになります。

うま味たっぷりのそぼろあんが厚揚げにからんでおいしいボリューム満点のガッツリおかず。とろみをつけると薄味でもおいしく食べられ、低カロリーです。

調理時間 15分

材料（2人分）

人参	5cm
生姜	2片
ニンニク	1片
鶏ひき肉（むね）	200g
厚揚げ	1個
チンゲン菜	1袋
片栗粉	大さじ1
A　酒・みりん・みそ・酢	各大さじ2
甘酒（濃縮タイプ）	大さじ1
一味唐辛子	少々（好みで調整）

作り方

❶ 人参は皮つきのままいちょう切り、生姜（皮つきでOK）とニンニクはすりおろす。

❷ フライパンに❶、鶏ひき肉、A、水200mlを入れて中火で10分ほど炒める。

❸ 厚揚げは16等分して、チンゲン菜は茎を芯ごと縦4つに切り、葉をざく切りにする。片栗粉は同量の水で溶く。

❹ ❸の厚揚げとチンゲン菜を❷に入れて炒め、チンゲン菜がしんなりしたら弱火にして❸の水溶き片栗粉を入れ、まぜながら強火にしてとろみをつけ、沸騰後1分ほど加熱したら火を止め、器に盛る。

具をよせて汁っぽいところに水溶き片栗粉を入れ、溶かしてから全体的にまぜるとダマになりにくい！

👉POINT

鶏ひき肉はコールドスタートにすることで、粒感を残さず、うま味たっぷりのなめらかなあんかけになります。
少し味を濃くして（みそ大さじ1くらい多め）、ごはんやうどん、そばにかけてもおいしい！

厚揚げとチンゲン菜のそぼろあんかけ

摂れる栄養素　たんぱく質　β-カロテン　ビタミンB群　ビタミンC　カリウム　カルシウム　鉄　食物繊維

かぼちゃとレーズンの豆乳サラダ

かぼちゃが甘くておいしい！ スイーツのような大人気のサラダ。砂糖やマヨネーズを使わず低カロリーで、β-カロテン、ビタミンE、食物繊維がたっぷりです。

調理時間15分

材料（3～4人分・作りやすい分量）

かぼちゃ	1/4個（500g）
レーズン	50g
りんごジュース	500ml
豆乳（無調整・おから入り）	大さじ5（75ml）
レモン汁	大さじ1
アーモンド（スライス）	適量

作り方

❶ かぼちゃは種を取って（わたは多少残っていてもOK）、2～3cm角に切り、鍋に皮を下にして並べる。

❷ レーズン、りんごジュースを入れて火にかけ、沸騰したらふたをして弱火で20分煮る。

❸ ふたをあけて中火で水分を飛ばしながら、さらに10分、かぼちゃがやわらかくなるまで煮る。

❹ 煮汁が少なくなったら火を止め、熱いうちにフォークで果肉部分をつぶし（皮をつぶすと緑色になるので、果肉部分だけ）、あら熱を取る。

❺ 豆乳とレモン汁をまぜて（とろっとしたクリーム状になる）、❹に入れ、ざっくりとまぜて器に盛り、アーモンドをのせる。

かぼちゃの皮はかたくて火が通りにくいので、皮を下にして鍋に並べましょう。

かぼちゃを倒して、フォークで果肉部分をつぶすと、皮がきれいに残ります。

豆乳とレモン汁をまぜるとクリーム状になる！

とろっとした豆乳クリームで酸味とクリーミーさをプラス。まぜすぎないのがポイント。

👉POINT

かぼちゃは皮にも栄養があるので、皮ごと使いましょう。かぼちゃは電子レンジより、30分かけてゆっくり煮る方が、甘く、おいしくなります。

摂れる栄養素　β-カロテン　ビタミンC　ビタミンE　カリウム　鉄　食物繊維

ねっとり甘い
究極の焼き芋

蜜がジュワーッとあふれ出る、甘くておいしい専門店の焼き芋が自宅で簡単に作れます! 食物繊維たっぷり、砂糖不使用のヘルシースイーツでお腹もスッキリ。

5分 調理時間

材料（2~4人分・作りやすい分量）

さつま芋 ‥‥‥‥‥‥‥‥‥‥‥ 適量（1~2本）

安納芋、紅天使、蜜郎、紅はるか、シルクスイートなどねっとり系の甘い品種が焼き芋におすすめ!

もし甘くない焼き芋になってしまったら、アイスクリームやハチミツ、メープルシロップをかけて、甘さを足せばおいしく食べられます!

👉POINT

ダッチオーブンがなければ、オーブントースターやオーブンでOk!
弱火でじっくり焼くのが甘く、おいしくなる最大のポイント!
焼き芋のおいしさは芋次第!個体差もあります。おいしい品種の芋を買って、じっくり焼くのが失敗しないコツです。
焼き芋はケーキや和菓子に比べるとはるかに低カロリーでヘルシーです!でもゼロキロカロリーではないので、たくさん食べるとたります!食べすぎには注意しましょう。

作り方

❶ さつま芋を洗って砂や泥を落とし（皮にこびりついている泥はこそげ取る）、ダッチオーブンに入るサイズに切って、ぬれたままアルミホイルで包む。

❷ ダッチオーブンにアルミホイルを1枚敷き（蜜があふれてこびりつくのを防ぐため）、❶を置き、ふたをして30分焼き、30分余熱で蒸らし、また30分焼き、あら熱が取れるまで余熱でじっくり火を通す。

❸ ふたをあけてアルミホイルをはがし（蜜がたっぷり!）、器などに盛る。食物繊維とポリフェノールたっぷりの皮ごと食べましょう。

ぬれたままアルミホイルで巻き、蜜がもれないように両サイドからもしっかり包みます。

アルミホイルを敷いた上に置くと、蜜があふれてこびりつくのを防ぎ、後片づけがラク。

摂れる栄養素 ビタミンC カリウム 食物繊維 ポリフェノール

イライラ解消!
集中力アップレシピ

ストレスやイライラ、集中力が続かないのはカルシウム不足の可能性あり! カルシウムは日本人に最も不足しがちな栄養素で(コンビニ弁当やレトルト食品、清涼飲料水をよく飲む人はとくに不足)、不足すると骨を溶かして補うので、骨がスカスカになります。
ここでは、カルシウムたっぷりの小魚、海藻、緑黄色野菜、乳製品、大豆製品などを中心に、カルシウムの吸収や利用を促進するクエン酸、マグネシウム、ビタミンD、イソフラボンも摂れるレシピを紹介します。

しらすとわかめと
オクラの酢の物

しらすとゴマがおいしいあえるだけの簡単酢の物。骨ごと食べられるしらす、わかめ、ゴマはカルシウムの宝庫。さらに酢のクエン酸がカルシウムの吸収を高めます。

⏱10分 調理時間

材料（2人分）

わかめ（生）	180g
オクラ	1袋
生姜	1片
しらす	30g
白ゴマ	大さじ1
ぽん酢	大さじ4（好みで調整）

作り方

❶ わかめはさっと洗って水気を切り、食べやすい大きさに切る。オクラはガクを切り落として輪切り（塩もみ、下ゆで不要）、生姜は皮つきのまますりおろす。

❷ ボウルに❶の生姜とぽん酢を入れてまぜ、❶のわかめとオクラ、しらす、白ゴマを入れてまぜ、器に盛る。

酢のクエン酸がカルシウムの吸収を高めてくれます！

オクラは栄養価が高く、手軽で断面もかわいいのでおすすめです！

👉 カルシウム+クエン酸で吸収率アップ！

クエン酸は疲労回復やエネルギーを作り出すときに必要な栄養素。キレート（ギリシャ語でカニのはさみ）作用でカルシウムなどの金属ミネラルをはさみ込み、吸収率を高めることでも知られています。クエン酸は酢、梅干し、レモンなどの柑橘類、トマト、パイナップルなど酸っぱいものに多く含まれます。これらと一緒にカルシウムを摂り、より多くのカルシウムを腸から吸収させましょう。

👉 POINT

生わかめがないときは、乾燥わかめを水で戻したものや、切り昆布、生ひじき、めかぶ、もずくで作ってもおいしい！
オクラは生で食べられるから下ゆで不要。塩もみや板ずりもしなくてOk。切ってそのまま入れて、ぽん酢やわかめと一緒にまぜるとねばりが出て、やわらかく、食べやすくなります。

なめらかでおいしい豆腐がおうちで簡単に作れます! 薬味を添えるだけでおもてなしにもよろこばれる一品に。豆乳はカルシウムとイソフラボンがたっぷりです。

調理時間 5分

材料（2人分）

【豆腐】
豆乳（無調整・おから入り） ……………… 250ml
にがり ………………………… 小さじ1/2（2.5ml）
【薬味】
青ねぎ・生姜・みょうが・かつお節 ………… 適宜
しょうゆ ………………………………………… 適量

蒸し器がない時は、大きめの鍋と皿で代用できます！

作り方

❶ 豆乳ににがりを入れてよくまぜ、耐熱容器に注ぐ。

❷ 蒸気の上がった蒸し器に入れて、菜箸をはさんで蒸気を逃がしながら中火で20分蒸す。

❸ 薬味の準備をして、器に盛る。

❹ ❷の豆乳が固まったら取り出し（やけどに注意）、小皿などにのせ、薬味と一緒に食卓へ。

せいろで蒸すとよりなめらかでおいしい豆腐ができます。

蒸し器がないときは、鍋に小皿を裏返して置き、その上にかごや皿を置き、かごの下まで水を注いでふたをすれば、蒸し器が完成。菜箸をはさんで蒸気を逃がしながら蒸すと、「す」が入らないなめらかな豆腐になります。火が強すぎたり、長く蒸しすぎたりすると「す」が入るので気をつけましょう。

👉 POINT

おから入り豆乳でつくると濃厚でしっかりとした豆腐になり、食物繊維も摂れるのでおすすめ！なければ普通の豆乳でもOKです。シンプルに塩で食べてもおいしいです。

自家製できたて豆腐

摂れる栄養素 カルシウム｜マグネシウム｜イソフラボン

エビとスモークサーモンの
豆乳チーズフォンデュ

アツアツとろとろのチーズがおいしいチーズフォンデュ。豆乳入りで、低カロリー&イソフラボンも摂れるのでおすすめ! エビやスモークサーモン、野菜をつけて食べるとカルシウム、クエン酸、ビタミンDなどが効率よく摂取できます。

調理時間 20分

材料(2〜3人分)

ブロッコリー	1株
かいわれ大根	1パック
スモークサーモン	130g
パプリカ(黄)	1個
ミニトマト	8個
エビ(殻つき・生)	10尾
A 白ワイン	大さじ2
塩	小さじ1/4
バゲット	6〜8cm
ニンニク	1片
チーズ(ピザ用)	150g
豆乳(無調整・おから入り)	200ml
B 白ワイン	大さじ4
白みそ(なければ普通のみそ)	大さじ1
白こしょう	適量

エビを白ワインと塩で炒めると、くさみが取れて塩味がつき、うま味が凝縮しておいしくなります。

スモークサーモンを広げて、かいわれ大根を置き、端から巻くと、フォンデュしやすく、見た目もおしゃれに。ひと口サイズにすると食べやすいです。

(1)具材を準備する

❶ ブロッコリーは茎も一緒に小房に分け、かいわれ大根は根を切り落としてキッチンペーパーに包んで水気を切り、小分けにしてスモークサーモンで巻く。パプリカはヘタと種を取ってひと口大に切り、ミニトマトはヘタを取る。

❷ フライパンにAを入れて中火にかけ、沸騰したらエビを入れ、色が変わるまで炒めて取り出す。同じフライパンに❶のブロッコリーを入れて、残り汁をからめながら炒めて(炒めすぎるとボロボロになるので短時間で)、冷ます。

❸ ❷のエビが冷めたら殻をむき、バゲットをひと口大に切ってオーブントースター(またはグリル)で軽くトーストする。

❹ ❶のかいわれ大根のスモークサーモン巻き、パプリカ、ミニトマト、❷のブロッコリー、❸のエビとバゲットを皿に盛る。

POINT

具材は好きなもので0k!じゃが芋やマッシュルーム、ベーコン、ウィンナー、アスパラガスなど、チーズに合うものはなんでもおいしいです。

(2)豆乳チーズフォンデュを作る

❶ ニンニクをすりおろして、チーズ、豆乳、Bと一緒に小鍋に入れる。

❷ 食べる直前に❶の小鍋を中火にかけ、ヘラなどでかきまぜながらチーズを溶かし、沸騰したら火を止め、小鍋ごと食卓へ。具材にたっぷりつけて食べる。

POINT

チーズフォンデュ用の鍋や卓上コンロがあれば、あたためながら食べるとずっとチーズがアツアツです。なければそのまま食卓に置き、冷めたら鍋ごと火にかけてあたため直せばまたアツアツとろとろに戻ります。豆乳入りなので冷めても固まらず、とろみがついてからみやすくなる程度です。アツアツより、少し冷めたくらいの方が、チーズがよくからみます。豆乳チーズフォンデュは、残ったら冷蔵庫で1〜2日保存可能です。パスタソースやグラタンのソースにアレンジしてもおいしい!

摂れる栄養素 カルシウム マグネシウム クエン酸 ビタミンD イソフラボン

あさりとベーコンのクラムチャウダー

あさりとベーコンのうま味たっぷり！失敗しない簡単おいしいクラムチャウダー。具だくさんでこれ一杯でお腹も大満足。カルシウムやマグネシウムも摂れます。

⏱ **30分** 調理時間

材料（2人分）

あさり（殻つき・生）	300〜400g
ベーコン	160g
玉ねぎ	中1個
人参	5cm
じゃが芋	小2個（180g）
しめじ	1パック
ブロッコリー	1株
チーズ（ピザ用）	40g
牛乳	400ml
酒	100ml
白みそ（なければ普通のみそ）	大さじ2
片栗粉	大さじ1
塩	適宜
こしょう	適量

ボウルに塩大さじ1（分量外）と水1000mlを入れて3％の塩水を作り、あさりを入れ、冷暗所で2時間以上置く。

👉 **POINT**

牛乳は酸味の強い白ワインを使うと分離しやすいので日本酒を使い、とろみをつけてから最後に牛乳を入れましょう。

作り方

❶ あさりの砂抜きをして（下記参照）、殻をこすり合わせてよく洗い、酒と一緒に鍋に入れて中火にかけ、あさりの口が開いたら順に取り出し、冷めたら殻から身を取り出す。ゆで汁に砂が出ていたらこして使う（白い鍋を使えば一目瞭然）。

❷ ベーコンは1cmの角切り、玉ねぎはみじん切り、人参は皮つきのまま5〜7mmの角切り、じゃが芋は芽を取り、皮つきのまま1.5cm角に切る。

❸ ❶の鍋（あさりのゆで汁）に❷を入れて中火で炒め、ベーコンの色が変わったら水200mlと白みそを入れ、ふたをして弱火で20分煮る。

❹ しめじは石づきを切り落とし、ブロッコリーは小房に分け、茎は角切り、片栗粉は同量の水で溶く。

❺ ❸に❹のしめじとブロッコリーを入れて5分ほど煮て、❹の水溶き片栗粉を入れてかきまぜながらとろみをつけ、チーズを入れて溶かす。

❻ 牛乳と❶のあさりを入れて、塩こしょうで味をととのえ、沸騰直前で火を止めて器に盛る（牛乳が分離するので沸騰させない）。

バターと小麦粉だと、ダマになりやすいですが、水溶き片栗粉でとろみをつければ、ダマになりにくく、簡単、時短、低カロリー！

摂れる栄養素　カルシウム　マグネシウム　ビタミンD

簡単でおいしい! カルシウムたっぷりの桜エビと高野豆腐の卵とじ。干ししいたけと卵のビタミンD、高野豆腐のイソフラボンがカルシウムの働きを助けます。

材料(2人分)

干ししいたけ(スライス)	10g
桜エビ	7g
かつお節	1つかみ
高野豆腐(水戻し不要タイプ)	12個(36g)
絹さや	1パック
卵	2個
A 酒・みりん・酢	各大さじ2
薄口しょうゆ	大さじ1〜2

作り方

❶ 鍋に干ししいたけ、桜エビ、水400mlを入れて中弱火にかけ、沸騰したら**A**、かつお節、高野豆腐を入れて5分煮る。

❷ 絹さやはヘタを取ってななめ半分に切り、卵を溶いておく。

❸ ❶の煮汁が少なくなったら❷の卵をまわし入れ、絹さやを散らし、卵が半熟になったら火を止め、器に盛る。

煮汁が少なくなるまで煮詰めて高野豆腐に味をしみ込ませます!

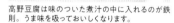

POINT

高野豆腐はひと口サイズの水戻し不要タイプが便利。なければぬるま湯で戻して両手ではさんでしぼり、ひと口大に切って使います。味をみて、薄かったら薄口しょうゆを足して調整しましょう。

高野豆腐は味のついた煮汁の中に入れるのが鉄則。うま味を吸っておいしくなります。

煮汁が多いと味が薄くなるので、少なくなるまで煮詰めてから溶き卵を入れます。

高野豆腐と桜エビの卵とじ

カルシウムたっぷりのちりめんじゃこ、小松菜、ゴマがおいしい、しょうゆ味の和風チャーハン。玄米ごはんを使うとノンオイルでパラパラになります。

調理時間 15分

材料（2人分）

長ねぎ	1本
生姜	1片
小松菜	1袋
まいたけ	1パック
ちりめんじゃこ	40g
玄米ごはん（かために炊いたもの）	茶わん2杯分
白ゴマ	大さじ1
こしょう	適量
A 酒・薄口しょうゆ	各大さじ2
酢	大さじ1

作り方

❶ 長ねぎは緑の部分も一緒に小口切りにし、生姜は皮つきのままみじん切り、小松菜は長さ5〜7mmに切り、まいたけはほぐす。

❷ フライパンにちりめんじゃこ、A、❶の長ねぎと生姜を入れて中火で炒め、長ねぎがしんなりしたら❶の小松菜とまいたけを入れて炒める。

❸ 小松菜がしんなりして、汁気がなくなったら、玄米ごはんと白ゴマを入れてまぜ（焦げつきそうになったらすぐ火を止める）、こしょうで味をととのえ、器に盛る。

炊飯器の玄米モードでもOko水を1.2倍（玄米2合に432ml）にして炊くと、普通の玄米ごはんになります！

POINT

玄米を水1.1倍（玄米2合に水396ml）でかために炊くと、油なしでもパラパラチャーハンに！かために炊いた玄米がなければ、普通に炊いた玄米でも、白米でもOko焦げつきやすいので、ごはんを入れたらすぐに火を止めましょう。

小松菜たっぷり1袋でビタミンも摂取。炒めるとカサが減って、ちょうどいい量になります。

小松菜がしんなりして、汁気がなくなるまでしっかりと炒めてからごはんを入れるのがポイント。

ちりめんじゃこと小松菜の
パラパラ玄米チャーハン

摂れる栄養素　カルシウム　マグネシウム　クエン酸　ビタミンD

土鍋で炊く！桜エビの炊き込みごはん

桜エビのうま味がおいしい炊き込みごはんは、カルシウムもたっぷり。土鍋ごはんの炊き方をマスターすると、一気にごはんがおいしくなるのでおすすめです！

調理時間 30分

材料（2合分・作りやすい分量）

白米	2合（360ml）
生姜	1〜2片
桜エビ	14g
かいわれ大根	1パック
アーモンド	25g
A　酒	大さじ2
薄口しょうゆ・酢	各大さじ1

作り方

❶ 白米を研いで、ザルに上げて水気を切り、水360mlと一緒に土鍋に入れ、30分置く（浸水させる）。

❷ 生姜を皮つきのままません切りにして、桜エビ、Aと一緒に❶に入れ、ふたをして強火にかけ、沸騰したら弱火にして（吹きこぼれ注意！）、火をつけてから15分炊いたら火を止め、15分蒸らす（途中でふたを開けない！）

❸ かいわれ大根は根を切り落として長さ3等分に切り、キッチンペーパーに包んで水気を切り、アーモンドはあらくきざむ（半分に切る程度でOK）。

❹ ❷に❸を入れて上下を返すようにまぜ、器に盛る。

米は研ぎすぎるとうま味も流れる。水切りはザルを傾けて、水が出なくなるまでしっかりと！おいしい水で炊くとおいしさアップ。何度か炊いて好みの炊き方を見つけましょう！

👉POINT

残ったら、小分けにしてラップで包み、冷凍しましょう。電子レンジで解凍すればまたおいしく食べられます。土鍋で白米を炊く場合は、米2合に水420〜450mlで同様に炊きます。高級炊飯器が目指すのは土鍋や羽釜で炊いたごはん。炊飯器より断然おいしいのでおすすめです。

土鍋のふたに穴があいていたら、菜箸を刺して穴を塞ぎます（炊きあがりの水分量が変わるため）。

たっぷりのかいわれ大根で栄養バランスアップ！まぜると熱でしんなりしてちょうどいい量に。

サケ缶とモロヘイヤの納豆あえ

骨ごと食べられるサケ缶、緑黄色野菜の中でダントツにカルシウムを含むモロヘイヤ、カルシウムの働きを助けるビタミンKが摂れる納豆の組み合わせは最強!

10分
調理時間

材料（2人分）

モロヘイヤ	1袋
納豆	2パック
サケ缶（水煮）	1缶（180g）
みそ	大さじ1
白ゴマ	適量

作り方

❶ モロヘイヤは茎のかたいところを取り除き、1〜2cmのざく切りにする。

❷ 耐熱ボウルに❶を入れ、ラップをして電子レンジ（700W）で1分加熱し、ラップを取ってうちわなどであおいで冷ます（すぐ冷ますときれいな緑色になる）。

❸ ボウルに納豆とみそを入れてねばりが出るまでよくまぜる。

❹ ❸のボウルに、❷とサケ缶を汁ごと入れてまぜ、器に盛り、白ゴマをかける。

白ゴマにもカルシウムがたっぷり。さらにサケ缶に含まれるビタミンDがカルシウムの吸収や働きを助けます!

👉POINT

きざみのりをかけてもおいしい!
モロヘイヤの代わりに小松菜、ほうれん草、春菊、水菜もおすすめ。
サケ缶の煮汁はサケのうま味や水溶性の栄養素がたっぷり。捨てずに汁ごと使いましょう。

モロヘイヤは加熱するとネバネバになるので、切ってから電子レンジで加熱するのがおすすめ!

　摂れる栄養素　カルシウム　マグネシウム　ビタミンK　イソフラボン

PART 9

目が疲れたときに
食べたいレシピ

長時間パソコンの前で仕事をすると、目が疲れてショボショボしたり、充血したり、かすんで見えたり…。これらを放置すると、肩こりや頭痛、集中力の低下、全身疲労に発展することもあるので、注意が必要です。ここでは、目にいいと言われるアントシアニン（ポリフェノールの一種・紫色の色素成分）やルテイン（カロテノイドの一種・緑色の色素成分）を含む色の濃い食材と、ビタミンA、β-カロテン、ビタミンB群、ビタミンCが摂れるレシピを紹介します。

ブルーベリー フルーツティー

アントシアニンたっぷりのブルーベリーとりんごの甘味がおいしいフルーツティー。
アントシアニンは水溶性なので、お茶にして飲むのも手軽でおすすめです。

10分
調理時間

材料（2人分）

ブルーベリー（冷凍）	50g
りんご	1/4個
レモン	1/2個
スペアミント（あれば）	3〜4本
紅茶	400ml
ハチミツ（好みで）	適宜

作り方

❶ ブルーベリーは凍ったままティーポットに入れる。りんごは皮つきのまま縦に半分、横に1cmに切り、レモンは輪切り、スペアミントは手でちぎって、ティーポットに入れる。

❷ 別のティーポットで紅茶をいれる（茶葉に熱湯を入れて3分蒸らす）。

❸ ❶のティーポットに❷の紅茶を入れて、ふたをしてさらに3分蒸らし、カップに注ぐ。りんごでほんのり甘いですが、好みでハチミツを入れてもおいしい。飲んだ後のブルーベリーとりんごも残さず食べましょう。

冷凍ブルーベリーを常備しておけば、疲れたときにすぐに作れて便利です！

👉POINT

冷凍のブルーベリーを使うとアントシアニンが溶け出しやすく、きれいな紫色に。
ブルーベリーの紫色、りんごの皮の赤い色はアントシアニンの色。りんごは皮ごと食べましょう。
残ったりんごは、切り口を塩水につけて、ラップでぴったりと包んで、冷蔵庫で保存すると変色を防げます。

👉アントシアニン+クエン酸で色が変わる

紅茶にレモンを入れると、アントシアニンがレモンのクエン酸に反応して、濃い紫色から鮮やかな赤紫色に一瞬で変わります。飲むときにレモンを入れて、色を楽しむのもおすすめです。

摂れる栄養素　アントシアニン　ビタミンC　クエン酸　食物繊維

半袋で1日に必要なルテインが摂れるほうれん草と、クリプトキサンチンが豊富な
コーンをベーコンとバターで炒めた、こってりおいしい簡単おつまみです。

調理時間 10分

材料（2人分）

ほうれん草	1袋
ニンニク	1片
ベーコン	60g
コーン缶	1缶(190g)
しょうゆ	大さじ1
バター	10g
こしょう	適量

作り方

❶ ほうれん草はよく洗って3cmのざく切りにして、根元に十字に切り込みを入れる（根元部分に砂が残っているときはもう一度洗う）。ニンニクは薄切り、ベーコンは1cm幅に切る。

❷ フライパンに❶のニンニクとベーコン、しょうゆ、コーン缶の汁を入れて（コーンは最後に入れる）中火で炒める。

❸ 汁気がなくなったら❶のほうれん草を入れてさらに炒め、コーン、バター、こしょうを入れて火を止め、余熱でバターが溶けたら器に盛る。

ほうれん草はルテイン以外にも、β-カロテン、ビタミンC、ビタミンE、鉄分、カリウム、カルシウムなど栄養たっぷり！

👉POINT

ほうれん草のルテインとコーンのクリプトキサンチンはともにカロテノイドの一種。油と一緒に摂ると吸収がいいので、ベーコンとバターが相性抜群です。バターは加熱しすぎると香りがなくなるので、最後に入れて余熱で溶かします。少量でバターの香りを楽しめるので、カロリーオフに！

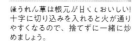

ほうれん草は根元が甘くておいしい！十字に切り込みを入れると火が通りやすくなるので、捨てずに一緒に炒めましょう。

コーン缶はうま味たっぷりの汁も活用。汁だけ先に炒めて水分を飛ばし、コーンは最後に入れて炒めすぎないのがポイント。

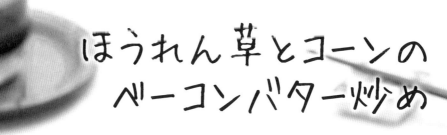

ほうれん草とコーンのベーコンバター炒め

ブルーベリー、レーズン、赤ワインの濃厚ソースがおいしいポークソテー。アントシアニンやビタミン、ミネラルも摂れるヘルシーでボリューム満点の一皿です。

25分
調理時間

材料（2人分）

豚肉（ロースカツ用）	2枚（300g）
A | 薄口しょうゆ・酒	各大さじ1
ブルーベリー（冷凍）	1カップ（100g）
レーズン	20g
レモン	1個
サラダほうれん草	1袋
パプリカ（赤）	1/2個
B | 赤ワイン	大さじ3
しょうゆ	大さじ1〜2
ハチミツ・バルサミコ酢	各大さじ1

👉POINT

ブルーベリーソースは、牛肉や鴨肉、ラム肉につけてもおいしい！
冷蔵庫で2〜3日保存可能です。

👉豚ロースの正しい盛りつけ方

豚ロースは脂のついている方が上、細くなっている方が右に盛りつけるのが正解。盛りつけたときに表面になる方から焼きましょう。

作り方

❶ 豚肉は筋切りをして、包丁の背で軽くたたき、フライパンに入れて**A**をまぶし、30分くらい置いて豚肉を室温に戻す（フライパンの中で）。

豚ロースは赤身と脂身の間にある筋を1cm間隔で切ると、焼いても反り返りません。

❷ ボウルにブルーベリー、レーズン、**B**を合わせておく。

❸ レモンは半分をくし形に切って器に盛り、残り半分は果汁をしぼる。サラダほうれん草は、食べやすい大きさにちぎり、パプリカはヘタと種を取ってせん切りにして、それぞれ器に盛る。

❹ ❶のフライパンを中弱火で5分加熱し、裏返してさらに5分焼き、豚肉に火が通ったら❸の器に盛る。

❺ 肉汁が残ったフライパンに❷を入れて強火にかけ、とろみがつくまでソースを煮詰めて火を止め、❸のレモン汁をまぜ（鮮やかな赤紫色に変わる）、❹の豚肉にかける。

レモン汁を入れると鮮やかな赤紫色に変わる！

ポークソテー
ブルーベリーソース

摂れる栄養素 | アントシアニン | β-カロテン | ビタミンB群 | ビタミンC | クエン酸

チキンとブロッコリーの トマトバジル煮込み

鶏肉とトマトのうま味が濃厚でおいしい煮込み料理。ルテインやβ-カロテン豊富なブロッコリーとリコピンを含むトマトで、カロテノイドがたっぷり摂れます。

20分 調理時間

材料(2人分)

玉ねぎ	大1個
ニンニク	1片
鶏肉(もも)	1枚
ホールトマト缶	1缶(400g)
しめじ	1パック
ブロッコリー	1株
黒こしょう	適量
A 赤ワイン	大さじ4
みそ	大さじ3~4
ローレル(あれば)	2~3枚
バジル・オレガノ(ドライ)	適量

作り方

❶ 玉ねぎは横に半分に切って縦に薄切り、ニンニクはすりおろし、鶏肉はひと口大に切る。

❷ 鍋にホールトマト缶、水300mlを入れ(缶の中に水を入れてゆすぐときれいに使い切れる)、❶とAを入れて中火にかけ、トマトをヘラでつぶしながらまぜ、沸騰したらふたをして弱火で20分煮る。

❸ しめじは石づきを切り落とし、ブロッコリーは小房に分け、茎は1~2cm角に切る。

❹ ❷に❸のしめじとブッロッコリーの茎を入れて5分煮て、花部分を加えてさらに5分煮る。味をみて、薄かったらみそを足して調整し、器に盛り、黒こしょうをかける。

バジル、オレガノ、ローレルを入れると鶏肉の臭みが取れて、ハーブが香るおいしいトマト煮に!なければ入れなくてもOKです。

ブロッコリーは茎も食べられます。かたいので小さめ(1~2cm角)に切り、花部分より長めに加熱するとやわらかくなります。

塩ではなく、みそを使うのがポイント!

 POINT

みそを使うとうま味がプラスされるから少量の塩分でもおいしくなり、減塩で血圧も上がりにくいからおすすめです。

摂れる栄養素　ルテイン　β-カロテン　リコピン　ビタミンA　ビタミンC　クエン酸

ビーツと紫キャベツの ピクルス

ビーツと紫キャベツの鮮やかな紫色がきれいなさっぱり甘酸っぱいピクルス。アントシアニンたっぷりで、ビタミンや食物繊維も摂れるヘルシーな常備菜です。

15分 調理時間

保存期間6〜7日

材料（6〜8人分・作りやすい分量）

玉ねぎ	中1個
ニンニク	1片
ビーツ	1個
紫キャベツ	1/2玉
チャービル（あれば）	適宜

A
- りんご酢 …………………… 300ml
- 赤ワイン ……………… 大さじ4（60ml）
- 白しょうゆ（なければ薄口しょうゆ） … 大さじ3
- ハチミツ ……………… 大さじ8（120ml）

作り方

① 玉ねぎは薄切り、ニンニクはすりおろし、Aと一緒に鍋に入れて中火にかけ、沸騰したら火を止めてあら熱を取る。

② ビーツはよく洗ってひげと根元のかたいところを取り、皮つきのまません切り、紫キャベツも芯ごとせん切りにする。

③ ジッパーつき保存袋に②を入れてまぜ、①を汁ごと入れて、空気を抜き、冷蔵庫でひと晩漬ける。

④ 食べるぶんだけ器に盛り、好みでチャービルを添える（なくてもOK）。

アントシアニンを無駄なく摂取

玉ねぎを紫玉ねぎにすると、よりたくさんのアントシアニンが摂れます。アントシアニンは水溶性なので、漬け汁にもたくさん流出します。酢の物やサラダのドレッシング、甘酢あんかけなどに使えるので、漬け汁も捨てずに活用しましょう。ビーツの汁は服についたら落ちにくいので要注意。まな板や包丁、手も真っ赤になりますが、すぐに洗えばきれいになります。落ちない場合は洗剤や漂白剤で洗ってください。

ビーツは別名ビート、砂糖大根、甜菜とも言われ、鮮やかな紫色でほんのり甘く、大根のようなシャキシャキした食感が特徴。最近はスーパーでも手に入ります！

POINT

最初は漬け汁が少ないですが、野菜から水分が出て、漬け汁が増えて全体にまわり、ちょうどいい量になります。2〜3時間ごとに空気を抜き、天地を返しながら漬けると少量の漬け汁でまんべんなく漬かります。

摂れる栄養素 アントシアニン ビタミンC クエン酸 食物繊維 オリゴ糖

ナスの皮の紫色もアントシアニン。皮ごと食べないともったいないので、皮までやわらかい蒸しナスに。ゴマ油のきいた中華ゴマドレッシングが食欲をそそります！

20分
調理時間

材料（2人分）

ナス	3本
パプリカ（赤）	1/2個
青ねぎ	3～4本
生姜	1片
ニンニク	1片
白ゴマ	大さじ1
A しょうゆ	大さじ2
酢・ハチミツ	各大さじ1
ゴマ油	大さじ1/2
豆板醤	小さじ1/4（好みで調整）

作り方

❶ ナスは洗ってヘタつきのままラップで包み、蒸し器で15分蒸して取り出す。

❷ パプリカはヘタと種を取って5～7mmの角切り、青ねぎは小口切り、生姜（皮つきでOK）とニンニクはすりおろし、Aと白ゴマと一緒にボウルに入れてまぜ、中華ゴマドレッシングを作る。

❸ ❶のあら熱が取れたら、ラップを外してヘタを取り、縦に4つに切って器に盛り、❷をかける。

ナスはラップに包んで蒸し、あら熱が取れてから取り出すと、アントシアニンの流出を最小限に抑え、きれいな紫色の蒸しナスになります！

POINT

中華ゴマドレッシングは冷や奴、蒸し野菜、蒸し鶏、刺身などにかけてもおいしい！冷蔵庫で1～2日保存可能。パプリカと青ねぎから水分が出て水っぽくなるので、早めに食べきりましょう。

蒸しナスの
中華ゴマドレッシング

さつま芋の皮、黒豆、黒米のアントシアニンが溶け出したピンク色がきれいなおかゆ。食物繊維とビタミンCもたっぷりで、お腹スッキリ＆美肌も目指せます！

調理時間10分

材料（3～4人分・作りやすい分量）

材料	分量
白米	1合（180ml）
黒豆（乾燥）	大さじ2（28g）
黒米	大さじ2
さつま芋	中1本（300～350g）
しそ	2～3枚
黒ゴマ	適量
梅干し	適量
塩	小さじ1/4

黒米は水で軽く洗っただけで、研ぎ汁がピンクになるほど、アントシアニンが流れやすいので、さっと洗って、流出を最小限に抑えましょう！

左が黒米、右が黒豆。表皮の黒色がアントシアニン。

おかゆのかたさを調整する

おかゆがかたいときは水を足し、ゆるいときはふたをあけて水分を飛ばし、好みのかたさに調整してください。おかゆは冷蔵庫で1～2日保存可能。残ったら翌日あたため直して食べましょう。

作り方

❶ 白米を研いで、ザルに上げて水気を切り、水1,300ml、塩と一緒に鍋に入れる。黒豆と黒米はさっと洗って水気を切り、鍋に入れて30分置く（浸水させる）。

❷ さつま芋はよく洗ってひげや両端のかたいところを切り落とし、ひと口大に切って❶に入れる。強火にかけ、沸騰したらひとまぜして、ふたをして弱火で20分炊き、火を止めて10分蒸らす。

❸ しそはせん切り、黒ゴマをすり鉢ですり、梅干しと一緒に器に盛る。

❹ ❷のふたをあけて軽く全体をかきまぜ、器に盛り、❸をのせて食べる。

POINT

計30分の加熱（20分炊いて10分蒸らし）は、さつま芋がちょうどやわらかく、甘く、おいしくなる時間です（米と黒豆はさつま芋より早く火が通る）。煮すぎるとさつま芋が煮崩れるので、さつま芋の煮え具合に合わせて調整しましょう。

さつま芋と黒豆と黒米のおかゆ

摂れる栄養素　アントシアニン｜ビタミンC｜ビタミンE｜セサミン｜食物繊維

脳を活性化!
記憶力アップレシピ

脳の発達や情報伝達に関わる栄養素を積極的に摂って、記憶力や集中力を活性化させましょう。
ここでは、脳を作り、発達させるのに必要なたんぱく質やレシチン、オメガ3系の不飽和脂肪酸(DHA・IPA)と、その酸化を予防するビタミンC、ビタミンE、セレン、β-カロテン、ポリフェノールなどの抗酸化物質、神経伝達物質の合成に関わるビタミンB群が効率よく摂れるレシピを紹介します。

ねぎと生姜がおいしい
アジのなめろう

おつまみにも、ごはんのおかずにも最高! アジの刺身で作る簡単なめろう。DHA
とIPA、ビタミンB群、抗酸化物質たっぷりで脳の老化予防に効果的です。

10分
調理時間

材料(2人分)

長ねぎ	1/4本
生姜	1片
みょうが	1個
アジ(刺身用)	4切れ(2尾分、約140g)
しそ	4枚
白ゴマ	適量
みそ	大さじ1.5

まな板に傷がたくさんつくので、
100円均一などで売られているま
な板シートや牛乳パックをまな板
の上に置いてたたくのがおすすめ!

作り方

❶ 長ねぎ、生姜(皮つきでOK)、みょうがをみじん
切りにする。

❷ アジは水分が出ていたらキッチンペーパーで拭
き、みじん切りにして、まな板の上でみそとま
ぜながら包丁でたたき、ある程度細かくなった
ら、❶を入れてさらにたたく(あらくたたくか、
細かくたたくかはお好みで! たたきすぎない方が
おいしい)。

❸ 器にしそを2枚ずつ敷き、❷を盛り、白ごまをか
ける。

なめろうとは

なめろうは新鮮なアジ、イワシ、サンマなどの
青魚を薬味と一緒にたたいて作る千葉県房総
半島の郷土料理(漁師めし)。焼き魚はDHAや
IPAが脂肪と一緒に流れ出てしまいますが、生
で脂ごと食べられるなめろうはより効率的に脂
肪酸が摂れるのでおすすめ。
ごはんのおかずやおつまみとして、そのまま食
べるのはもちろん、お茶漬け、手巻き、ブルス
ケッタ、さつま揚げなど、アレンジしてもおい
しいです。

POINT

刺身用のアジは、3枚におろして、皮をひい
たものです。新鮮なアジを自分でおろして
も、スーパーや魚屋でおろしてもらってもOk。
長ねぎの代わりに青ねぎ(3〜4本)でもお
いしい。みそを減らして梅干しを入れた梅
なめろうもおすすめです。

摂れる栄養素　DHA　IPA　ビタミンB群　ビタミンE　セレン　ポリフェノール　β-カロテン

アジのなめろう丼

おいしいなめろうは、ごはんにのせて丼にしても絶品です！かいわれ大根の辛味がよく合います。

調理時間 5分

材料（2人分）

なめろう	2人分	しそ	6枚
ごはん	茶わん2杯分	卵黄	
かいわれ大根	1パック	（全卵でもOK）	2個
白ゴマ	大さじ1	しょうゆ	適宜

作り方

❶ かいわれ大根の根元を切り落とし、半分に切って、キッチンペーパーに包んで水気を切る。

❷ ごはんに❶と白ゴマを入れてまぜ、器に盛る。

❸ ❷にしそ、なめろう、白ゴマ（分量外）、卵黄をのせ、好みでしょうゆをかけて食べる。

👉POINT

野菜が少ないので、ごはんにかいわれ大根をたっぷり1パックまぜて、栄養バランスをアップ！

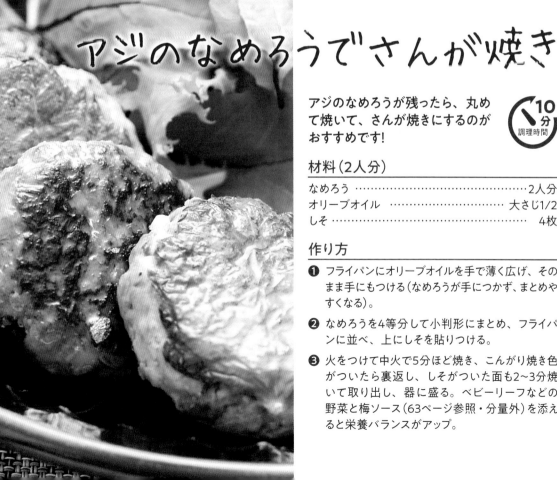

アジのなめろうでさんが焼き

アジのなめろうが残ったら、丸めて焼いて、さんが焼きにするのがおすすめです！

調理時間 10分

材料（2人分）

なめろう	2人分
オリーブオイル	大さじ1/2
しそ	4枚

作り方

❶ フライパンにオリーブオイルを手で薄く広げ、そのまま手にもつける（なめろうが手につかず、まとめやすくなる）。

❷ なめろうを4等分して小判形にまとめ、フライパンに並べ、上にしそを貼りつける。

❸ 火をつけて中火で5分ほど焼き、こんがり焼き色がついたら裏返し、しそがついた面も2〜3分焼いて取り出し、器に盛る。ベビーリーフなどの野菜と梅ソース（63ページ参照・分量外）を添えると栄養バランスがアップ。

DHA・IPA豊富なイワシを手軽に摂れるオイルサーディンとモッツァレラチーズ、トマトをあえた簡単フィンガーフード。ビタミンB群やC、Eもたっぷりです!

調理時間 10分

材料(2人分)

バゲット(1cmのななめ切り) ……………8枚
モッツァレラチーズ……………………… 100g
ミニトマト ……………………………6個
ブロッコリースプラウト ………………1パック
ニンニク ……………………………… 1片
バジル(生) ……………………………1パック
オイルサーディン ………………1缶(105g)
A | レモン汁・薄口しょうゆ ……… 各大さじ1
　　| こしょう ……………………… 適量

バゲットは両面こんがり
キツネ色のカリカリになる
まで焼くのがポイント!

作り方

❶ バゲットはオーブントースター(またはグリル)で両面カリカリになるまでトーストする。

❷ モッツァレラチーズは7mmの角切り、ミニトマトはヘタを取ってみじん切り(湯むき、種取り不要。汁ごと全部使う)、ブロッコリースプラウトは根を切り落としてキッチンペーパーに包んで水気を切る。ニンニクはすりおろし、バジルは飾り用を数枚取り置き、みじん切りにする。

❸ ボウルに❷とAを入れてまぜ、最後にオイルサーディンを漬け汁ごと入れて軽くまぜ、❶にのせて器に盛り、❷の飾り用バジルをのせる。

バゲットと具を別々に出し、
食卓でバゲットにのせな
がら食べるのもおすすめ!

🖐️ ブルスケッタとは

トーストしたバゲットにニンニクやオリーブオイル、トマトなどをのせたイタリア風のガーリックトースト。火を使わず簡単にできて、おしゃれでおいしいので、おもてなしにもぴったりです。

🖐️ POINT

オイルサーディンはまぜすぎるとイワシが崩れてしまうので、最後に入れて軽くまぜる程度に。時間が経つと、野菜やモッツァレラチーズから水分が出てバゲットがズルズルになるので、食べる直前に作りましょう。

オイルサーディンと
チーズのブルスケッタ

摂れる栄養素 | DHA | IPA | ビタミンB群 | ビタミンC | ビタミンE | β-カロテン | リコピン | たんぱく質

フライパン1つで作る
サバ缶ときのこの和風パスタ

パスタを別鍋でゆでない、洗い物がラクな直入れ時短パスタ。DHAやIPA、ビタミンEが手軽に摂れるサバ缶ときのこのうま味がパスタにからんで激うまです。

20分
調理時間

材料（2人分）

玉ねぎ	大1個
生姜	1片
ニンニク	1片
パスタ	140g
しめじ	1パック
えのきだけ	1袋
かいわれ大根	1パック
すだち（あれば）	2個
サバ缶（水煮）	1缶（190g）

A	薄口しょうゆ	大さじ4
	酒	大さじ3
	みりん・酢	各大さじ2
	唐辛子（輪切り）	適量

作り方

❶ 玉ねぎは薄切り、生姜（皮つきでOK）とニンニクはすりおろし、**A**と一緒にフライパンに入れて中火で炒める。玉ねぎがしんなりしたら、水600〜700mlを入れ、沸騰したらパスタを入れて菜箸でほぐしながら弱火で5分煮る。

❷ しめじとえのきだけは石づきを切り落としてほぐし、かいわれ大根は根を切り落としてキッチンペーパーに包んで水気を切り、すだちは横半分に切る。

❸ ❶に❷のしめじとえのきだけ、サバ缶を汁ごと入れて、中強火で煮汁を飛ばしながら、パスタがちょうどいいかたさになるまで炒め（表示時間の1.5〜2倍くらいを目安に、味見をしてゆで具合を確認）、器に盛り、❷のかいわれ大根とすだちを添える。食べるときにすだちをしぼるとおいしい。

直入れパスタのコツ

水の量とゆで時間がポイント！パスタがゆであがったときに、水がなくなって煮汁がすべてパスタにからんでいる状態がベスト。直入れするとパスタに味がしみ込みおいしくなります！

煮汁の中にパスタを直接投入！バラバラと入れて、菜箸でほぐしながら、パスタがくっつかないようにゆでましょう。

パスタを別鍋でゆでる手間が省け、洗い物が減って、光熱費も節約に！

POINT

サバ缶の汁はDHAやIPAはじめ、栄養とうま味がたっぷり。捨てずに汁ごと使いましょう。

摂れる栄養素 | DHA | IPA | ビタミンB群 | ビタミンC | ビタミンE | β-カロテン | ポリフェノール | たんぱく質

ツナとコーンの豆乳ポテトサラダ

マヨネーズ不使用! ヘルシーなのにコクうまでおいしいと大人気のポテトサラダ。
ツナ缶のDHAやIPA、ビタミンEなど脳を活性化させる栄養素がたっぷりです。

40分 調理時間

材料(3～4人分・作りやすい分量)

保存期間2～3日

じゃが芋	中2個(350g)
玉ねぎ	小1個
人参	3cm
コーン缶	1缶(190g)
きゅうり	1本
ツナ缶(オイルタイプ)	1缶(70g)
白みそ(なければ普通のみそ)	大さじ1～2
豆乳(無調整・おから入り)	大さじ4
レモン汁	大さじ1
A 白ねりゴマ・マスタード	各大さじ1
こしょう	適量

作り方

❶ じゃが芋はよく洗って芽を取り、蒸し器で30分蒸す。

❷ 玉ねぎはみじん切り、人参は皮つきのままいちょう切りにして、白みそ、コーン缶の汁(コーンは最後に入れる)と一緒にフライパンに入れ、中弱火で15分炒める。

❸ きゅうりを輪切りにして❷に入れ、きゅうりがしんなりして、汁気がなくなるまで5～10分ほど炒め、火を止めて**A**、コーン、ツナ缶を汁ごと入れてまぜ、あら熱を取る。

❹ 豆乳とレモン汁をまぜて(とろっとしたクリーム状になる)、❸に入れてまぜ、具を片側によせる。あいた方に❶のじゃが芋を入れ、熱いうちに皮ごとマッシャーでつぶし(皮はむかなくてOK)、全体をまぜて器に盛る。

アツアツで皮をむくストレスも、手間も、時間も、ゴミも減らせて、いいことずくめ!

👉 **POINT**

じゃが芋の皮には食物繊維やポリフェノールがたっぷり。皮をむかなくても気にならないので、皮ごとマッシュして食べましょう。

じゃが芋は30分じっくり蒸すと甘く、おいしくなります。電子レンジより断然おいしいのでおすすめ。

具を片側によせれば、じゃが芋をつぶすのも、まぜるのもフライパン1つでOK!洗い物が1つ減ります。

摂れる栄養素 | DHA | IPA | レシチン | たんぱく質 | ビタミンB群 | ビタミンC | ビタミンE | β-カロテン | ポリフェノール

ちりめんじゃことピーナッツがおいしいピリ辛炒め。脳の栄養素レシチンが豊富な
厚揚げ、卵、ピーナッツとDHAやIPAが摂れるちりめんじゃこがポイント。

材料（2人分）

厚揚げ	1個
ニラ	1束
卵	2個
ちりめんじゃこ	20g
ピーナッツ	30g
ゴマ油	大さじ1/2
A　酒・薄口しょうゆ	各大さじ1
豆板醤	小さじ1/4（好みで調整）

作り方

❶ 厚揚げは16等分して、ニラは長さ3cmに切り、卵は溶いておく。

❷ フライパンにゴマ油を入れて熱し、❶の卵を入れ、さっと炒めて取り出す。

❸ 同じフライパンで（洗わなくてOK）❶の厚揚げ、A、ちりめんじゃこを炒め、汁気がなくなったら、ニラ、ピーナッツを入れてさっと炒め、火を止めて❷の卵を戻してまぜ、器に盛る。

食品では、大豆、卵黄、ピーナッツなどに多くレシチンが含まれています！

卵を炒めたフライパンは洗う必要なし！油が残ったフライパンで厚揚げやちりめんじゃこを炒めると、香ばしく、おいしくなります！

脳の栄養素・レシチンとは

レシチンは、水と油を乳化させる働きがあり、チョコレートなどの乳化剤としても使われる栄養素。体内では、脳に多く存在することから「脳の栄養素」と呼ばれ、脳や神経、細胞間の情報伝達物質として、記憶力の衰えを予防します。また、乳化作用で脂質の代謝を促し、肥満の予防や解消にも効果的。

POINT

卵を先に炒めるのは、色よく仕上げるため、一旦取り出すのは、炒めすぎてパサパサになるのを防ぐため。
卵はハッ素樹脂加工やセラミック加工のフライパンでも焦げつきやすいので、少量の油が必要です。よく熱した油に卵を入れて炒めるとふんわりおいしい卵になります。

厚揚げと卵のじゃこピー炒め

アボカド入りの酢飯が絶妙においしいサーモンと卵の手まり寿司。DHA、IPA、レシチン、抗酸化物質のアスタキサンチンやビタミンEが摂れる脳活レシピです。

30分
調理時間

材料（2〜3人分・24個分）

卵……………… 2個	しそ……………… 12枚
ブロッコリースプラウト	いくら（あれば）… 適量
……………1パック	白だし………… 大さじ1
レモン…………… 1個	油……………… 適量
ごはん… 茶わん2杯分	甘酒（濃縮タイプ）
白ゴマ……… 大さじ1	……………… 大さじ2
アボカド………… 1個	わさび………… 適宜
スモークサーモン…120g	しょうゆ……… 適量

卵焼き器で四角い薄焼き卵を作ると、巻きやすい形に切れます。

アボカドの色止めに使ったレモン汁をまぜて酢飯の酢として使います。

薄焼き卵が上手くできなかったときは、錦糸卵にしてごはんにまぶしつけてもOk！

👉**POINT**

丸めるのが面倒なときは、のりと一緒にそのまま食卓に並べて、手巻き寿司にしてもOko クリームチーズを入れてもおいしい！

作り方

❶ 卵をよく溶いて白だしをまぜ、卵焼き器に油を薄く広げて熱し、弱火にして卵液の1/3量を入れて広げて焼く。同様に2回繰り返し、薄焼き卵を3枚作り、冷めたらそれぞれを4等分する。

❷ ブロッコリースプラウトは根を切り落とし、キッチンペーパーに包んで水気を切り、飾り用を少し取り置く。レモンは飾り用に輪切りを8等分したものを12個作り、残りは果汁をしぼる。

❸ アツアツのごはんにブロッコリースプラウト、甘酒、白ゴマを入れてまぜ、あら熱を取る。

❹ アボカドは皮と種を取って、縦に8つ、横1cmに切り（11ページ参照）、❷のレモン汁をまぶし、汁ごと❸に入れて、アボカドがつぶれないようにさっくりとまぜる。

❺ スモークサーモンを12等分、❹を24等分して、ラップにスモークサーモン、❹の順に置き、包んで丸くととのえる。残りの11個も同様に丸める。ラップに❶の薄焼き卵を1枚置き、同様に❹を置いて丸くととのえ、残りの11個も同様にする。

❻ 器にしそを置いて、❺のサーモンの手まり寿司を置き、❷の飾り用レモンをのせる。❺の卵の手まり寿司を置き、❷の飾り用のブロッコリースプラウト、いくらをのせ、わさびじょうゆで食べる。

サーモンと卵の
アボカド手まり寿司

摂れる栄養素 DHA | IPA | レシチン | アスタキサンチン | β-カロテン | ビタミンC | ビタミンE | ポリフェノール

食材検索INDEX

本書で紹介しているレシピで使用している食材をピックアップしました。おうちの冷蔵庫にある食材からレシピを探せるようになっています。ぜひご活用ください。

私のキッチン紹介！

　自宅兼事務所で、撮影や料理教室ができるようにこだわって作った特注のオープンキッチンです。野菜を洗ったり、切ったりしやすいように調理台を高く、広くして、換気扇をギリギリまで上に設置し、収納もたっぷり。レシピ開発や試食会、雑誌の撮影、テレビ番組の撮影もこちらのキッチンで行っています。

今回の料理もこのキッチンで撮影しました！

著者の中元千鶴先生

油はねガードもなくしたので、プロセス写真が撮りやすい！

キッチン下の収納には、撮影で使用したお気に入りの食器やキッチン小物が入っています！

水道はタッチレス。蛇口に触れずに手洗いができて便利です！

できる範囲で、無理せず、楽しく続けることが大切！

　「低カロリーで減塩のヘルシー料理」、「砂糖・油・食塩を使わない」と言うと、「味が薄くてまずそう」と思われがちですが、実際は言わないとわからないほど普通においしい家庭料理です。夫にもずっと内緒にしていましたが、まったく気づかずに食べていました。

　半年から1年ほど経ち、そろそろ餌づけも終わった頃に「実は…」とカミングアウト。驚いていましたが「おいしいからこれからも食べたい」と賛成してくれました。結婚してからはそれを毎日食べるようになり、夫は半年で6〜7kgやせて、顔色がよく、健康で、毎日よく働いてくれます（笑）。結婚前は毎年風邪をひいていましたが、結婚後14年、一度も風邪をひいていないのもびっくりです。食べ物の力はすごいと実感しています。

　今も毎日ヘルシー料理を作りますが、たまに外食をして、暴飲暴食もします。あまり窮屈に考えず、できる範囲で、無理なく、楽しく続けることがなによりも大切だと思うので、これからも食を楽しみながら、ヘルシー料理でバランスを取り、ずっと健康でいたいと思います。

EPILOGUE

　この本の撮影がはじまったのは、2020年4月の緊急事態宣言の最中でした。実は、レシピ本出版のお話は数年前からいただいていましたが、毎月の雑誌の連載や執筆活動に追われて、なかなか進めることができず、気持ちだけが焦る毎日でした。そんなときに緊急事態宣言が出て、「どうせこれから毎日家でごはんを作るなら、ついでに撮影して本にしよう!」、「ただでごはんを作るなんてもったいない!」と思い立ち、レシピ本制作を本格的にスタートさせました。

　もともとフリーランスで「ヘルシー料理研究家」と「ライター」をしていた私は、レシピを開発し、調理して、スタイリングして、撮影して、原稿を書く、という作業をすべて1人でやっていたので、緊急事態宣言が出ても、生活や仕事はなにも変わりませんでした。食事会やイベントのお誘いがなくなって、打ち合せや取材がリモートになったくらいです。なくなった仕事もありましたが、それ以上に仕事が増えたので、前にも増して忙しくなりました(お仕事があるのはありがたいことです!)。

　そんな状況でレシピ本がスタートしたので、昼間は別の仕事の原稿を書き、夕方から買い物に行って、撮影をして、それをそのまま晩ごはんにする、という毎日が続きました。簡単レシピだから作るのはすぐできますが、きれいに盛りつけて、撮影するのは時間がかかります。1日に撮影できるのは1~2品で、毎日コツコツと撮影して、やっと撮影が終わり、原稿を書き上げ…時間がかかってしまいましたが、ようやく出版できて本当に感激でした。

　この本の制作にあたり、企画やコンセプトを一緒に考えてくださったC&R研究所の池田社長、私が撮った写真をよりおいしそうに調整し、おしゃれにデザインしてくださった編集の西方さん、いつも料理教室に来てくれて、表紙の推薦コメントを書いてくれた加藤綾菜さんと所属事務所のツインプラネット様に心から御礼申し上げます。ありがとうございました。

　たくさんの方に助けていただき、出版できたこの本が、1人でも多くの方の手に届きますように。読んでくださった方が、おうちごはんを楽しみ、健康を考えるきっかけになれば、こんなにうれしいことはありません。

2021年2月
ヘルシー料理研究家　中元千鶴

135

■著者紹介

中元 千鶴　　ヘルシー料理研究家 ／ ライター
なかもと　ちづる

大学在学中にモデルの仕事をはじめ、自分自身の美容とダイエットのために勉強を開始。ところが無理
なダイエットとサプリメントの失敗で体調を崩し、「健康でなければ、やせることも、美しくなることもで
きない」ことを痛感。その後、父の病気をきっかけに「サプリメントアドバイザー」、「食生活アドバイザー
2級（最上級）」、「ジュニア野菜ソムリエ」の資格を取得し、栄養療法、分子矯正医学、スポーツ栄養学、
ビーガン料理、酵素栄養学（ローフード）、自然食などを幅広く学び、5年かけて自身の健康も取り戻す。
2002年に有限会社オプティ設立。テレビショッピングの商品プロデュースで大ヒットを記録し、サプリ
メントアドバイザーとしてメディアで幅広く活動。現在はヘルシー料理研究家やライターとして、雑誌の
連載やコラム執筆などのメディア出演、講演、レシピ開発、料理教室、食事やサプリメントのアドバイス、
商品企画など、健康・美容・ダイエット関連を中心に幅広く活動中。著書に「砂糖・油・食塩ゼロでやせ
て10歳若返る！」ほか、テレビ、新聞、雑誌等メディア掲載多数。

● 公式サイト　https://www.nakamoto-chizuru.com/
● Instagram　https://www.instagram.com/chizuru.nakamoto/
● 公式facebook　https://www.facebook.com/nakamoto.chizuru

●本書の内容についてのお問い合わせについて
　　この度は C&R 研究所の書籍をお買いあげいただきましてありがとうございます。本書の内容に関するお問
い合わせは、「書名」「該当するページ番号」「返信先」を必ず明記の上、C&R 研究所のホームページ（https://
www.c-r.com/）の右上の「お問い合わせ」をクリックし、専用フォームからお送りいただくか、FAX または
郵送で次の宛先までお送りください。お電話でのお問い合わせや本書の内容とは直接的に関係のない事柄に関
するご質問にはお答えできませんので、あらかじめご了承ください。
〒 950-3122 新潟県新潟市北区西名目所 4083-6　株式会社 C&R 研究所　編集部
FAX 025-258-2801
『テレワーク時代のラクうまごはん 時短・簡単！おうちごはんの絶品レシピ 105 品』サポート係

編集担当：西方洋一 ／ カバーデザイン：秋田勘助（オフィス・エドモント）
撮影・スタイリング・栄養監修：中元千鶴

テレワーク時代のラクうまごはん
時短・簡単！おうちごはんの絶品レシピ105品

2021年3月1日　　初版発行

著　者　　中元千鶴
発行者　　池田武人
発行所　　株式会社　シーアンドアール研究所
　　　　　本　　社　　新潟県新潟市北区西名目所 4083-6（〒950-3122）
　　　　　電話　025-259-4293　　FAX　025-258-2801
印刷所　　株式会社　ルナテック

ISBN978-4-86354-325-6 C0077
©Nakamoto Chizuru,2021　　　　　　　　　　　　　Printed in Japan